A VIDA SEMPRE CONTINUA...

Américo Simões
ditado por Clara

A VIDA SEMPRE CONTINUA

Revisão
Sumico Yamada Okada

Capa e diagramação: Meco Simões

Foto capa: Getty Images

Dados Internacionais de Catalogação na Publicação (CIP)
(Câmara Brasileira do Livro, SP, Brasil)
Garrido Filho, Américo Simões
A vida sempre continua / Américo Simões. - São Paulo:
Barbara Editora, 2012.

1. Romance Brasileiro I. Título.

12-6215   CDD-869.93

Índices para catálogo sistemático:
1. Romances: Literatura Brasileira   869.93

BARBARA EDITORA
Rua Primeiro de Janeiro, 396 – 81
Vila Clementino – São Paulo – SP – CEP 04044-060
Tel.: (11) 5594 5385
E-mail: barbara_ed@2me.com.br
www.barbaraeditora.com.br

Proibida a reprodução total ou parcial desta obra, de qualquer
forma ou por qualquer meio eletrônico, mecânico, inclusive através
de processos xerográficos, sem permissão expressa do editor (lei n°
5.988, de 14/12/73).

Este livro é dedicado a Elisa Masselli e Adriana Masselli que Deus colocou no meu caminho para que estes romances pudessem acontecer e despertar algo de bom em todos que apreciam o mundo revelado pela literatura Espírita.

Dez anos sem Chico Xavier,
mas eternamente sob sua bênção...

Capítulo 1

E o mundo girou e nos carregou distantes...

Ainda estavam ali, o prato, os talheres, o guardanapo, o copo, sobre a mesa coberta com uma linda toalha bordada, esperando aquela pessoa tão especial chegar, para fazer a sua refeição.

Geórgia havia, mais uma vez, se esquecido de que aquela pessoa tão especial na sua vida não chegaria para o almoço, tampouco para o jantar, nem hoje, nem amanhã, nem nos dias, semanas ou meses que viriam, pois já não se encontrava mais no plano terrestre. O plano espiritual era agora a sua morada.

Mesmo ciente de sua partida ela, ainda, intimamente, aguardava por sua chegada. Todos os dias, nas horas de sempre, com o mesmo carinho, a mesma saudade.

Geórgia ouviu então uma voz interior dizer-lhe mais uma vez: "aquela pessoa que você tanto ama, Geórgia, não voltará nem hoje, nem amanhã, nem depois... Ela agora se encontra no plano espiritual, sob o amparo de Deus. Aceite essa realidade."

A voz, a misteriosa voz interior, conseguiu entristecê-la mais uma vez na sua incansável tentativa de pô-la em contato com a realidade.

"Aceite a realidade, Geórgia... Você precisa aceitar a sua realidade, agora", tornou a voz de forma ponderada.

Realidade? Aceitar? Perguntou Geórgia, em voz alta, entre lágrimas mais uma vez. Como posso aceitar a realidade se ela é feita de tanta dor? Se só encontro dor onde quer que eu vá, até mesmo onde me escondo dela e de mim mesma. Uma dor infinda, uma dor cruel.

"Perder uma pessoa querida, amada, companheira não é fácil, eu sei", tornou a voz com sutileza. "Mas você, assim como todos, precisa superar esse acontecimento, pois ele faz parte da vida... Pessoas nascem, pessoas partem... é o ciclo da vida. Um ciclo infinito."

"Por que Deus criou a morte?" A pergunta agora fora feita em voz alta. "Será que Ele não percebeu o quanto de dor o ser humano haveria de passar com sua existência? Por que criar algo se causa tanta dor em quem fica? Tanta saudade? Desespero... depressão... Por quê? A morte só pode ter sido mesmo um equívoco de Deus. Nada mais que um equívoco."

A voz se calou dentro dela. Era preciso deixá-la desabafar.

"Deus...", murmurou Geórgia com descaso, "Como posso ter acreditado em Deus durante todos esses anos? Se Ele existisse de verdade teria ouvido as minhas preces, meus apelos, minhas súplicas, impedido que a minha pessoa amada e especial tivesse morrido tão prematuramente. Deus... Ele não existe... E se existiu, morreu logo após criar o mundo. Arrependido, na certa por ter criado a morte e toda dor que ela causa em quem fica."

A fé de Geórgia havia sido enterrada com sua pessoa querida.

Nos dias que se passaram ela tornou-se cada vez mais consciente de sua realidade e quanto mais consciente, mais desencantada da vida. Perguntando-se:

"Para que continuar a viver se a razão do meu viver foi-se embora? Meu alguém especial, minha vida, meu amor..."

O desencanto crescente pela vida fez com que ela se fechasse em sua casa, se fechasse para as pessoas, se fechasse para a vida. Nem mesmo as janelas eram mais abertas para receber o sol da manhã ou o luar com sua chuva de prata.

Era como se sua casa fosse um sarcófago e ela houvesse se enterrado ali, viva e por si mesma. Dizia-se sempre indisposta para receber os poucos amigos que tinha bem como os familiares que a procuravam.

Ficou só, na companhia de remédios antidepressivos, na esperança de suavizar a dor e a saudade crescente e esmagadora que sentia por seu alguém especial. Envolta nas lembranças dos momentos bons que vivera ao seu lado.

Se ela ao menos acreditasse em vida após a morte, poderia combater a tristeza, a depressão e a saudade que a invadiam e a esmagavam agora. Mas ela nunca acreditou na vida além túmulo. Apesar de ter fé em Deus naquela época, para ela, morrer era o ponto final na vida de cada ser vivo. Tudo o que se dizia a respeito do além da vida nada mais era do que uma teoria para acalentar o coração de quem fica morrendo de saudade e tristeza por ter perdido quem se ama para a morte.

Só não cometera suicídio porque prometera àquele alguém especial que não faria isso jamais, caso contrário a dor da perda já a teria feito atentar contra a própria a vida.

Numa nova manhã, Geórgia acordou repetindo a mesma pergunta que vinha fazendo há dias: "Por que não me leva daqui? Não encerra de uma vez por todas esse meu sofrimento, essa minha saudade?" Ainda que não acreditasse mais em Deus, a pergunta era dirigida a Ele.

"Se existe de verdade, atenda o meu pedido. Encerre a minha vida, já, agora, pois não tenho mais nada para fazer aqui neste planeta cuja saudade e a dor é só o que me cercam. Mate-me! Se tem piedade de mim, mate-me! Se tem alguma consideração por mim, encerre o quanto antes a minha existência."

Novamente as últimas palavras foram sufocadas por um choro baixinho e infeliz. Certamente que Geórgia já havia perdido pessoas queridas ao longo de sua vida, mas não uma tão próxima, tão amada e companheira como aquela que considerava tão especial. A seu ver, teria sido melhor que ela houvesse morrido no lugar de quem tanto amava para se poupar de todo aquele sofrimento. No entanto, sua morte provocaria a mesma dor que ela sentia agora em quem ficou, o que seria sofrido para ela tanto quanto. Por fim, o melhor mesmo era que a morte não existisse para que não causasse a dor no ser humano, todas as vezes que ela vem buscar alguém que ele tanto ama.

Certa tarde, em meio à correspondência chegou uma carta, vinda de uma cidade no litoral. Assim como as demais, Geórgia a deixou de lado. Duas semanas depois chegava uma nova carta vinda do mesmo lugar. O fato despertou a atenção de Geórgia.

O remetente era desconhecido para ela, o que a fez pensar que a carta havia sido endereçada para ela por equívoco, nesse caso era melhor abri-la para confirmar e, assim, poder devolvê-la a quem era de direito.

Para a sua surpresa, a carta havia sido escrita realmente para ela. Geórgia a leu e releu, pacientemente. Ao final, disse com desagrado:

– Mais um problema... Mais uma morte...

A carta informava que sua tia Maila havia falecido. Uma tia distante que Geórgia não via há muitos anos. Cerca de trinta anos... A última vez fora antes de a tia se mudar com o marido para o litoral, local que apesar dos muitos convites recebidos, ela nunca foi.

A carta pedia a Geórgia que entrasse em contato, o mais rápido possível, com Fernando Haddad, advogado encarregado por Maila para cuidar do seu testamento após a sua morte.

No testamento, Maila havia lhe deixado a casa onde viveu com o marido no litoral. Geórgia estava literalmente boquiaberta com o gesto da tia. Perguntando-se por que ela tinha feito aquilo se haviam perdido contato há tantos anos e mesmo quando tinham, eram distantes. Por quê? A pergunta ficou no ar.

Sem disposição alguma para resolver aquilo, Geórgia acreditou que seria melhor fingir que nunca havia recebido a tal carta e, com isso, o advogado tomaria uma outra atitude com relação àquilo. Escolheria uma outra pessoa da família para herdar a casa.

Uma semana depois chegava uma nova carta, vinda do mesmo lugar, remetida pela mesma pessoa. Geórgia decidiu ignorá-la como fez com a primeira. Duas semanas depois, chegava uma outra. Seu conteúdo era idêntico ao da primeira e da segunda, acrescido apenas das seguintes linhas:

"Essa já é a quarta carta que escrevo para a senhora. Por não ter obtido resposta com as três primeiras, deduzi que elas, por algum motivo, não conseguiram chegar até seu destino. Peço, encarecidamente, caso esse endereço não seja da pessoa mencionada nesta carta que nos comunique o mais urgente possível..."

Geórgia se viu forçada a enviar uma resposta para o advogado. Não era certo continuar a agir com ele do modo como vinha agindo... Assim, escreveu-lhe pedindo gentilmente que resolvesse tudo aquilo sem a sua participação, pois ela não tinha condições física e psíquica para dirimir a questão e explicou-lhe o motivo.

Uma semana depois chegava a resposta:

"Dona Geórgia... Eu sinto imensamente por tudo o que lhe aconteceu e faço ideia de como a vida, agora, está sendo sofrida para a senhora, no entanto, é importante que venha até a nossa cidade para assinar documentos e decidir o que será feito com a mobília da casa de sua tia, bem como suas roupas e pertences."

Geórgia sentiu-se encurralada dessa vez, não queria ir mas tinha de ir. Um dia seria mais que o suficiente para resolver tudo aquilo, pensou. Então ela voltaria imediatamente para casa, onde permaneceria até ser levada para a sua última morada.

A seguir, pegou uma folha de papel, uma caneta e escreveu para o tal advogado, informando o dia que pretendia chegar à cidade e sua urgência em dirimir o assunto, pois não permaneceria por lá por mais de um dia.

No dia combinado, Geórgia pegou o trem e partiu para a cidade que ficava mais próxima da sua cidade destino, lá tomaria um carro de aluguel para completar o trajeto.

Apesar do caminho percorrido pelo trem ser um dos mais belos, capaz de encher os olhos de uma pessoa de encanto e lágrimas de emoção por poder contemplar tamanha beleza, Geórgia manteve-se cabisbaixa, olhando o tempo todo para as suas mãos em forma de concha pousadas sobre o seu colo.

A seu lado sentou-se um senhor de pele castigada pelo sol do litoral e assim que manifestou o desejo de querer trocar algumas palavras com ela, Geórgia fechou os olhos e fingiu ter adormecido. Não queria conversa, nada lhe aprazia mais do que ficar em silêncio, só, com as lembranças agradáveis do passado, envolvendo-a como uma brisa gostosa vinda do mar.

Todavia, as lembranças logo a fizeram sentir um aperto no coração, um aperto dessa vez mais doloroso. Era hora de tomar novamente o remédio para acalmar-lhe os nervos, pegou-o de dentro de sua bolsa e com a água que havia levado dentro de uma garrafinha o bebeu. Voltou a fechar os olhos e mergulhar no ir e vir de lembranças. Pouco tempo depois, ela adormeceu, dessa vez, porém, de verdade.

Sonhou que estava viajando com seu alguém especial por uma estrada colorida cujo verde das árvores pareciam entrar dentro dela, invadindo-a de beleza, paz e tranquilidade. Transformando em felicidade tudo o que não era feliz... Que sensação maravilhosa!

Ao despertar do sonho, Geórgia entristeceu ao perceber que tudo aquilo que vivera de bom não passara de um sonho. Um sonho mau, porque se fosse bom, não deixaria de sê-lo jamais.

Mais uma vez sentiu ódio dos sonhos por eles nunca corresponderem à realidade. Por permitirem às pessoas encontrar com seus entes e amigos queridos que da Terra partiram e, de repente, no ponto máximo da felicidade sentida, extinguem-se, forçando todos novamente a se deparar com sua triste realidade, nua e crua.

Sim, os sonhos eram ruins. Ruins... Ruínas... Por meio da janela do trem, Geórgia avistou ruínas ao longe e não soube precisar do que seriam. Talvez de um forte, talvez de uma igreja, um castelo, um convento... Ruínas, ela estava começando a ficar em ruínas... ruínas provocadas pela dor, pela saudade e pela tristeza. Tornou a adormecer e só acordou quando o senhor ao seu lado tocou no seu braço, sem querer, ao levantar-se. O trem já estava parado. Ela havia chegado ao seu destino.

Tomou ar, levantou-se e desceu do vagão, dizendo repetidas vezes para si mesma:

"Acalme-se, em poucas horas você já terá resolvido o que veio resolver e estará voltando para a sua casa."

Ao se ver na estação daquele lugar estranho, Geórgia tornou a se fazer a pergunta que não queria calar dentro dela: "Por que, por que a tia deixou sua casa para mim de herança? Não faz sentido... Não nos víamos há anos... nem tínhamos intimidade... Por quê? Por quê...", mas a pergunta ficou sem resposta mais uma vez.

A seguir, tomou um carro de aluguel rumo à cidade, seu destino final. Meia hora depois, chegava ao local. Um lugar bonito, arejado, com uma vista estupenda do mar. Composto de casas erguidas ao longo da praia, muitas delas de madeira, uma igreja, uma praça, um coreto, uma pequena rua de comércio, feita de paralelepípedo como as demais da cidade, tudo, enfim, muito simples, mas aconchegante. Nada sofisticado como se vê nas cidades praianas dos dias de hoje.

Ela então passou ao taxista o endereço do advogado e, após ele obter algumas direções, conseguiu finalmente encontrar o escritório do homem.

Geórgia pagou a corrida e entrou no local.

– Bom dia – disse, sutilmente, assim que avistou uma jovem sentada numa escrivaninha, provavelmente a secretária.

– Pois, não? – perguntou a moça, gentilmente.

Geórgia apresentou-se e explicou o motivo por estar ali.

– Sim, dona Geórgia, esperávamos pela senhora. Infelizmente, o Dr. Fernando teve de se ausentar da cidade por motivos de força maior.

– Ausentar? Mas eu combinei com ele...

– Sim, certamente. Mas é que ele não esperava por este imprevisto. Ele lhe pede mil desculpas. Mas não se preocupe, ele prometeu voltar para cá assim que tiver oportunidade.

Imprevistos acontecem, disse Geórgia para si mesma, ninguém mais do que ela sabia o quanto aquilo era verdade. E aprender a encará-los e superá-los era um dos maiores desafios da vida para o ser humano.

– O que faço agora? – perguntou-se Geórgia, distraída.

– A senhora pode esperar pelo Dr. Fernando na casa de sua tia – sugeriu a moça, amavelmente. – Assim pode ir pondo ordem em tudo o que precisa ser posto em ordem... O que acha?

A ideia não era má, concluiu Geórgia.

– Se quiser que eu vá com a senhora até a casa é só me dar algum tempo para eu terminar o que estou fazendo... Estou sozinha hoje e bem...

– Não precisa se preocupar. Agradeço muito sua atenção. Se me der o endereço eu mesma vou lá... Se me der o endereço e conseguir também um carro que me leve até lá, logicamente.

– Sem dúvida – respondeu a secretária e com a agilidade de uma lebre, anotou o endereço num pedaço de papel, apanhou a chave da casa e entregou para a mulher. Então deixou o local rapidamente, voltando meio minuto depois acompanhada de um conhecido que gentilmente levaria Geórgia de carro até a casa herdada. Apresentações foram feitas.

Antes que Geórgia partisse, a jovem falou:

– Se a senhora não conseguir abrir o portão da casa é só procurar a vizinha que mora na casa que fica do outro lado da rua, bem em frente ao portão. Ela era muito amiga de sua tia e vivia na casa... Ela poderá ajudá-la.

Geórgia assentiu, agradecida.

– Mais uma vez, mil desculpas em nome do Dr. Fernando – falou a gentil secretária. – Assim que ele chegar direi onde a senhora está e ele irá ao seu encontro.

– Obrigada.

– Não quer tomar um chá?

– Não, agradecida.

Geórgia entrou no carro e, meio minuto depois, partiram. Pelo trajeto, ela se viu pensando na casa da tia. Em como ela seria. Inúmeras imagens se formaram em sua mente.

– Chegamos, madame! – disse o motorista com voz bem interiorana. E após dar uma espiada na casa, comentou:
– Então a senhora é a sobrinha de dona Maila?

– O senhor a conhecia?

– Quem não a conhecia, madame?

Geórgia fez ar de assombro.

– Dona Maila era... – continuou o homem, mas suspendeu a frase na metade. Como se não fosse permitido dizer o que pensou, por isso disse apenas: – Dona Maila era muito especial... A senhora sendo sobrinha dela deve saber.

Geórgia em meio a um sorrisinho amarelo, deu-lhe uma gorjeta, agradeceu sua gentileza e desceu.

O carro partiu.

Ela ficou então por alguns instantes admirando a casa que havia sido deixada de herança para ela. Tratava-se de um sobrado grande e bonito. Amplo e bem conservado.

Novamente ela se ouviu perguntando: "Como a tia poderia ter-lhe deixado um sobrado tão belo como aquele? Justo para ela que lhe era quase uma estranha... Como?".

Por fim, pegou a chave da casa, abriu o portão e entrou.

Capítulo 2

Entre o portão e a casa havia uns oito metros de distância. Em frente do sobrado se estendia um imenso jardim repleto de plantas, flores e árvores lindíssimas, que lembrava muito uma daquelas florestas encantadas dos contos de fadas, só que concentrada num terreno de cinquenta metros de cumprimento por vinte cinco de largura. Apenas seus troncos não eram azuis e suas plantas não eram mágicas.

Ao dar seu segundo passo, Geórgia travou-se, seu corpo estremeceu, arrepiou-se de medo por se ver sozinha naquela casa enorme e desconhecida.

Ainda bem que estou só de passagem, lembrou a si mesma na esperança de se tranquilizar.

A seguir, caminhou até uma porta onde havia uma plaquinha escrita "Cozinha da vovó". Teria a tia tido filhos, netos e se teve por que não deixou a casa de herança para um deles? Mais uma pergunta sem resposta.

A placa deveria ser apenas uma placa. Muitas pessoas apelidam senhores e senhoras de vovô e vovó mesmo sem terem tido netos, considerou.

Ela voltou novamente os olhos na direção do imenso jardim e contemplou-o mais uma vez. Estava limpo e bem aparado, a tia, certamente, deveria manter um jardineiro para mantê-lo daquela forma tão bonita, concluiu.

Observando melhor a casa, percebeu que ela também estava impecavelmente limpa. Havia apenas algumas folhas ao chão, derrubadas pelo outono.

Outono, murmurou pensativa.

Por isso a cidade estava tão quieta, era fora de temporada.

Graças a Deus!, exclamou ela, arrependendo-se em seguida por ter feito tal exclamação. Lembrou-se que não deveria dar graças a Deus por futilidades, aprendera isso com o seu alguém especial.

Sua lembrança fê-la disparar num choro convulsivo, toda dor e sofrimento tomaram-lhe novamente o corpo e a alma. Ela puxou uma cadeira que estava próxima, sentou-se e se entregou ao pranto.

– Por quê? Por que aquela morte estúpida? – perguntou-se mais uma vez. – E por que estar ali naquela casa e naquela cidade estranha, longe do seu canto, o canto que jamais quis deixar só?

Foi somente quando o molho de chaves escorregou do seu colo e atingiu o chão que ela despertou daquele estado deprimente.

Ao curvar-se para apanhar as chaves, Geórgia teve a estranha sensação de que elas estavam lhe pedindo que fizesse uso delas. Assim ela fez. Começou abrindo uma porta que dava acesso a uma escada que levava certamente ao andar superior.

Com grande esforço físico e mental, ela se pôs a subir os degraus. Para sua surpresa, as paredes que cercavam a escada eram tomadas de quadros pintados a óleo, um mais bonito que o outro, cada um assinado por um pintor diferente.

A escada findava numa sala ampla cercada por paredes também forradas de quadros pintados a óleo e por diferentes pintores. O lugar mais parecia um museu de quadros a óleo.

Então a tia apreciava pintura... Geórgia estava surpresa e haveria de se surpreender ainda mais com ela, afinal o que sabia a seu respeito, nada além do fato de ser sua tia, uma tia distante, nada mais... A casa iria revelar-lhe quem era... Ela a conheceria pelo que restou na casa e não por ela mesma. Algo diferente e surpreendente.

Geórgia deixou seu corpo cair na grande poltrona revestida de couro e se pôs a admirar as pinturas, pensando no quanto seu *alguém especial* gostaria de estar ali para apreciá-las também.

Sem perceber, foi se deixando levar pela magia que aqueles quadros transmitiam a todos aqueles que se deixavam admirá-los. Uma magia que a envolveu de paz e calmaria, a fez relaxar e se livrar da tensão da viagem e do medo de estar ali sozinha naquela casa estranha.

Levou quase quinze minutos até que Geórgia despertasse, subitamente, quando teve a impressão de que algo havia tocado o seu ombro. Ela ficou imediatamente em estado de alerta, com os olhos atentos a ir e vir pela sala. Depois, acabou relaxando novamente, não havia por que se preocupar, afinal, não havia ninguém mais ali, a não ser que fosse alguém invisível, o que só existia, na sua opinião, nos contos de fadas.

Por fim, ela se levantou e foi conhecer os outros aposentos do andar superior da casa. Não levou muito para que descobrisse o quarto da tia.

Nele havia uma cama de casal, coberta com uma bela colcha de retalhos, ao lado dela um belo baú feito de madeira nobre, reluzente, do outro lado uma penteadeira e um guarda roupa com três portas, tudo simples, mas de bom gosto. Parecia até um quarto de boneca. E havia de fato uma boneca, velha, tão velha quanto a tia, com certeza, sobre o baú. Lembrança, provavelmente de sua infância querida.

Então era ali que a tia passava suas noites de sono. Vivia seus sonhos, fazia suas preces..., comentou Geórgia consigo mesma.

A seguir foi até o outro quarto onde havia uma cama preparada como se fosse para receber uma visita. Alguém deveria ainda estar limpando a casa, por isso ainda se encontrava em perfeita ordem e limpeza. Provavelmente a empregada ou a diarista da tia.

Diante da cama arrumada e ajeitadinha, Geórgia sentiu vontade de deitar-se sobre ela, só por um pouco, o tempo suficiente para relaxar.

Em meio às lembranças dos tempos felizes que passou ao lado do seu *alguém especial*, lembranças que sempre a acompanhavam onde quer que fosse, adormeceu vindo só a despertar, quinze, vinte minutos depois com o que parecia ser a campainha tocando.

O advogado, deve ser ele!, exclamou Geórgia, com certa euforia. Imediatamente se levantou, desceu a escadaria e foi até o portão da casa.

– Quem é? – perguntou elevando a voz.

– Sou eu, Jurema, meu bem, a vizinha do outro lado da rua.

Geórgia abriu o portão e se deparou com uma mulher de cabelos grisalhos, rosto simpático, olhos num tom de azul vivo, quase fosforescente.

– Pois não? – perguntou Geórgia, ligeiramente tímida.

– Você só pode ser a sobrinha de Maila, não é? A que herdou a casa, não é mesmo?

– Sim, sou eu mesma.

– Sou Jurema, muito prazer.

– Muito prazer... Meu nome é Geórgia.

A mulher admirou Geórgia com profundo interesse.

– Em que posso ajudá-la? – perguntou Geórgia com certa impaciência.

– Bem, eu era muito amiga de sua tia, vim até aqui, para me pôr a sua disposição, para ajudá-la em qualquer coisa de que precisar.

– Agradeço muito sua gentileza, Dona Jurema.

– Você tem uma voz tão delicada... – comentou a mulher num tom amável. – Uma voz tão encantadora...

– Obrigada – a voz de Geórgia soou um tanto seca. Não estava disposta a estender o diálogo.

– Sua tia deveria gostar muito de você – acrescentou dona Jurema sem se deixar intimidar pelo tom de Geórgia.

Geórgia, sorrindo para si mesma, decidiu dividir com a simpática senhora suas conclusões:

– Na verdade, eu e minha tia não tínhamos muito contato. Na verdade, não tínhamos contado algum. Eu, sinceramente, até agora não consigo compreender por que ela me deixou esta casa de herança. Para mim, ela nem se lembrava mais de mim. Não nos víamos há mais de trinta anos, tampouco mantínhamos contato uma com a outra.

– Muitas vezes não compreendemos o porquê Deus faz certas coisas, meu bem, mas por trás há sempre uma boa intenção. Ainda que não pareça.

Geórgia olhou curiosamente para a simpática senhora. A mulher tomou um outro tom ao perguntar:

– Você sabe, não é?

– O quê?

– Que Maila era alguém muito especial...

Ao ouvir aquelas palavras os olhos de Geórgia lacrimejaram.

– Está chorando? Por quê?

– Entre... – convidou Geórgia recuando os passos e procurando esconder o rosto entre as mãos.

– O que foi? Disse alguma coisa que não devia?

Geórgia contou a seguir sobre a perda de seu *alguém especial*. Jurema ouviu tudo com profunda atenção. Então disse:

– Eu sinto muito, muito mesmo. A morte é inevitável tanto quanto o sofrimento que ela nos traz. Eu também sofri muito quando Maila partiu. Todos nós sofremos. Ela era a alegria da rua, a casa sempre lotada, uma perda irreparável... Teríamos sofrido bem mais se Maila não tivesse, certa vez, nos ensinado como lidar com a morte. Ela disse: "A morte é inevitável, só não é inevitável o modo como você vai reagir a ela! Se escolhermos reagir de um modo positivo, poderemos apaziguar a dor que ela nos causa. Reerguer-se para a vida, para que continuemos a cumprir a nossa missão. A missão que Deus deu a cada um."

Um dia quando você tiver mais tempo, posso lhe falar mais a respeito, agora preciso voltar para casa, estou assando pães.

– Obrigada por oferecer seus préstimos – agradeceu Geórgia se recompondo.

– De nada, meu bem.

Dona Jurema já estava atravessando o portão quando se deteve, voltou-se para trás e perguntou:

– E quando posso trazê-lo?

Geórgia olhou curiosa para a mulher.

– Trazê-lo? Quem?

– Jeremias!

– O jardineiro?

– Não, meu bem...

– O advogado, não estou entendendo...

– Jeremias... Você nunca ouviu falar dele?

– Nunca!

– Não lhe disseram nada sobre ele?

– Não!

– Mas como não?! Como puderam deixar de falar do Jeremias?! Bem, sei lá, é tanta coisa para fazer que devem ter se esquecido...

– Quem é Jeremias?

– Lindo, simplesmente lindo... Você vai amá-lo, Maila o adorava, na verdade o amava muito. Ele está comigo desde o acontecido.

– Jeremias?

– Sim, Jeremias.

– Então peça para ele vir me ver.

– Tudo bem.

A mulher atravessou a rua e entrou na sua casa. Enquanto Geórgia a aguardava voltar, o sol a caminho do horizonte fisgou sua atenção, fazendo-a se desligar temporariamente da realidade a sua volta. Foi a voz de Dona Jurema que a despertou do transe.

– Aqui está ele – disse a esfuziante senhora.

Geórgia mal pôde acreditar no que via. Ao lado da mulher havia um labrador cor de mel, lindo, olhando para ela com olhos de piedade.

– Este é o Jeremias. Ele não é lindo?

Geórgia ficou boquiaberta sem saber o que dizer. Dona Jurema disse por ela:

– Não tenha medo, ele é mansinho, uma fofura. Você vai ver que não dá trabalho algum...

– Mas eu...

– E só dar comida para ele na hora certa...

– Mas eu não posso ficar com esse cão. Amanhã mesmo eu já estarei voltando para a minha cidade, para a minha casa... Só vim até aqui para decidir o que deve ser feito com os pertences de minha tia e pôr esta casa à venda.

A cordialidade desapareceu imediatamente do rosto de Dona Jurema. Num tom bem sério, dessa vez, ela falou:

– Não deve vender a casa, Geórgia. Você deve, na verdade, mudar-se para cá, ainda mais agora depois do que lhe aconteceu. Tenho certeza de que a mudança será de grande importância na sua recuperação. Se não quiser mudar, deve pelo menos manter a casa para passar os fins de semana.

– Agradeço a sugestão da senhora, mas estou mesmo determinada a vendê-la.

– É lamentável. Ainda assim meu coração almeja que mude de ideia e compreenda... – a mulher preferiu não completar a frase, cortou-a dizendo apenas: – enfim, quanto ao Jeremias, não se preocupe. Ele se adapta em qualquer lugar. Certamente se acostumará na casa e na cidade onde mora.

– Eu não posso levar esse cão comigo para casa. Não sei lidar com cães, nunca tive um, nem estou disposta a ter um agora. Fique com ele para mim, por favor.

– Mas eu não posso, minha querida. Já tenho a Suzi, uma linda cadela.

– Então preciso encontrar um dono para o Jeremias, urgente.

– Maila ficará tão chateada...

"Maila está morta", pensou Geórgia, contrariada. Jurema acrescentou de forma incisiva:

– Não se esqueça, meu bem, de dar voltas com ele. Ele adora que o levem até a praia.

Ela nunca saíra com um cão e jamais sairia com um agora, pensou Geórgia, sentindo-se ainda mais contrariada. Sua tia só podia estar biruta, concluiu. Além de deixar uma casa para ela sem ter nem por que, deixava-lhe um cão para cuidar... Que situação.

Jurema, depois de entregar a comida do cão e mostrar onde ela deveria ser posta, a mesma rodou nos calcanhares rumo a sua morada. Geórgia fechou o portão, sentindo-se um tanto atordoada. Quando voltou a encarar o cão, olhos nos olhos, olhando para ela com compaixão, só lhe restou balançar a cabeça, desconsolada.

– Teremos de encontrar um novo dono para você, meu amigo e urgentemente.

Não levou mais que cinco minutos para que ela descobrisse que havia ganhado uma nova sombra. Onde quer que fosse, o labrador ia atrás, a sua cola. Certa hora ela parou, voltou-se para Jeremias e disse seriamente:

– Quer parar de me seguir? Está me incomodando, sabia?

O cão latiu como se tivesse respondendo a pergunta.

– Jeremias... – murmurou Geórgia pensativa. Da onde a tia desencavara aquele nome? Não era um nome para por num cão, não, jamais.

Mais uma vez Geórgia teve a impressão de que a tia era biruta.

– Deus do céu e agora? Aonde vou encontrar alguém para ficar com você?! – tornou ela a perguntar em voz alta. E quanto mais se preocupava com aquilo mais o desespero crescia dentro dela.

Estava prestes a subir para o andar superior da casa quando Jeremias ameaçou subir com ela. Ela rapidamente fechou a porta e o repreendeu:

– Não senhor. Dentro de casa não é lugar para cachorro.

E agilmente ela abriu a porta e passou por ela sem que o animal tivesse chance de passar por ali.

Jeremias latiu em protesto pelo que ela havia lhe feito e continuou latindo sem parar de tamanha indignação.

– Pode ficar latindo, meu rapaz, mas aqui dentro não é lugar para cachorro.

Os latidos continuaram tão fortes e aborrecedores que Geórgia se viu forçada a ligar o rádio para abafá-los. Ainda assim, eles podiam ser ouvidos com nitidez. Mesmo aumentando o volume não foi o suficiente para silenciá-los.

– Não – resmungou ela, tapando os ouvidos com os dedos indicadores. – Pelo amor de Deus, não! Ninguém merece!

Que cão era aquele com tanto fôlego para latir daquele jeito, sem pausa? Estaria ele com fome? Sim. Com fome! Só poderia ser isso. Ela desceu. Ao vê-la, o cão abanou o rabo, o que não significou nada para ela, pois nunca compreendera que quando um cão balança o rabo é sinal de que gosta da pessoa, que está feliz por vê-la ou revê-la.

Geórgia despejou a comida que Dona Jurema havia lhe entregue no pote do cão, tendo Jeremias o tempo todo a sua cola. Por fim, ela se afastou, Jeremias cheirou a comida, voltou o olhar para ela e só então se pôs a comer.

Geórgia ficou observando o animal com certa pena. Se ele não tivesse latido, ela não teria se dado conta de que ele estava com fome e que ela precisava alimentá-lo. Pobrezinho, teria ficado com a barriga roncando, pensou.

Ao término da refeição, Jeremias voltou a pregar os olhos em Geórgia.

– O que é agora? – perguntou ela, com certa impaciência. – O que está faltando?

– Au, au...

– Eu já lhe dei comida, o que quer mais? Escuta aqui se você pensa que vai me...

Jeremias foi até ela, encostou-se nas suas pernas e se pôs a roçá-las carinhosamente.

– Seu pêlo é macio, eu sei, mas não sou chegada a cães... Por favor, me deixa em paz...

O cão foi amolecendo até se esparramar no chão, voltou então a barriga para cima como geralmente fazem quando querem um agrado de seus donos e ficou esperando por ele, olhando fixamente para Geórgia.

– O que quer? – tornou Geórgia, com certa angústia. – Está passando mal? É isso? Pelo amor de Deus alguém me ajude.

Assim que ela se moveu o cão deu um pulo e foi atrás dela, latindo. Quanto mais ela apertava o passo, mais ele apertava os dele.

– Socorro, ele vai me morder! Ai, que desespero...

O jeito era chamar Dona Jurema, concluiu Geórgia atônita. Ela pegou o molho de chaves e correu para o portão; apesar de trêmula conseguiu abri-lo e atravessá-lo mesmo sob protestos de Jeremias.

Vendo que podia atravessar a rua, correu até a casa da mulher e bateu palmas. Em segundos, a simpática senhorinha veio atendê-la, trazendo consigo seu sorriso cativante e seu avental sujo. Poderia ser de ovo, poderia ser de tomate, de qualquer coisa, porém, sujo.

– Querida como vai? Que surpresa adorável! – cumprimentou a senhora com admirável tranquilidade.

– Dona Jurema, o cão...

– Jeremias? Um doce, não é?

"Se fosse de fato um doce como ela dizia por que não ficava com ele?", confidenciou Geórgia consigo mesma.

– Ele não para de latir, fica atrás de mim feito sombra, eu já lhe dei comida, água, tudo, mas ele não me deixa em paz, agora pouco pensei que estivesse tendo um treco, deitou-se de barriga para cima e ficou olhando para mim como se quisesse dizer algo por meio do olhar... O que significa isso? Meu Deus, eu preciso de ajuda!

Dona Jurema, gargalhou.

– Calma meu bem, Jeremias só quer carinho. Quando um cão deita de barriga para cima é porque ele quer carinho, quer que façam carinho no seu peito e na sua barriga, se fizer verá como ele fica calminho, calminho... Jeremias é um encanto, porém, mimado, como a maioria dos cães. Maila o mimou muito... ela sempre dizia que se arrependera por ter feito isso... que seu mimo faria com que ele sofresse muito depois que ela se fosse. Mas já era tarde para voltar atrás. O que a confortava era a certeza de que Deus mandaria alguém para cuidar do cão e confortar o seu coração.

Se aquilo era uma indireta, não colaria com ela, admitiu Geórgia, com seus botões.

– Confortar o coração de um cão? – perguntou Geórgia com certo desdém.

– Sim, eles têm alma, sabia?

– O c-ã-o tem alma?

– Maila dizia que sim... Uma alma diferente da nossa, mas uma alma.

Pelo visto ela acabara de descobrir o motivo pelo qual a tia lhe deixara a casa. Era o que ela já havia suposto. A tia estava gagá, pois onde já se viu acreditar que cão tem alma? Geórgia quis resistir à pergunta que chegou à ponta da sua língua, mas não conseguiu.

– Há quanto tempo minha tia já estava...

– Estava? – Jurema franziu a testa querendo entender.

– Digamos... esclerosada?

– Quem? – espantou-se a vizinha.

– Minha tia.

– Ora, meu bem... Maila partiu da Terra, cem por cento lúcida, iluminada...

– Impossível!

– Não. Já lhe disse, sua tia era especial... gostava do título, mas lembrava a todos que todos nós também éramos...

– Éramos?... não entendi.

– Especiais.

– Especiais? Nós?

– Sim...

Jurema baixou a cabeça com pesar. Seus olhos marejaram, ela rapidamente os enxugou com a ponta do avental.

– Que pena... – murmurou e em seguida endireitou o corpo e disse: – Chorar não. Maila não apreciaria. O choro além do normal faz mal àqueles que já partiram.

Geórgia teve um clique, não era só a tia que ficara gagá, Dona Jurema também, e por estar gagá não notou que a vizinha, sua tia, também sofria do mesmo mal. Que situação... Onde ela havia ido parar, que fim de mundo...

Geórgia agradeceu à mulher, desculpou-se pelo incômodo, mas assim que lhe deu as costas a simpática senhora a lembrou:

– Não se esqueça de dar uma volta com Jeremias hoje à tarde e amanhã de manhã. Eles aguardam essas voltas como nós aguardamos um bom prato de comida.

Geórgia voltou-se para a senhora, deu-lhe um sorriso complacente e atravessou a rua. Ela não poderia dar volta alguma com o cão, nunca fizera, não seria agora. Quanto ao dia seguinte também não o faria, pois partiria assim que acertasse tudo com o advogado. Se não tivesse tempo de encontrar um novo dono para o animal ela incumbiria o profissional de fazê-lo. Talvez ali mesmo na rua houvesse alguém que quisesse ficar com ele, alguém que fizesse aquilo por Maila...

Ao aproximar-se do portão, Jeremias começou a latir, sentira sua aproximação.

– Tudo bem, Jeremias, aqui estou eu de volta...

Ela prestou um pouco mais de atenção no cachorro e com desdém comentou:

– Cães têm alma... Que ingenuidade por parte de minha tia e daquela mulher, para não dizer ignorância. Se a ciência ouvisse tal afirmação, riria como se ri de uma boa piada. Pobres senhoras... Como deve ser duro perder a lucidez, acabarem gagás.

Geórgia sentiu pena da simplicidade de ambas.

O cão a seguiu, como de costume, pela casa, mas Geórgia habilmente se esgueirou dele mais uma vez para ir para o andar de cima. Nem bem fechara a porta que dava acesso

31

à escada, Jeremias recomeçou a latir, ensurdecedor como antes.

– Não pode ser – murmurou ela enquanto tapava os ouvidos com as mãos. – Eu já lhe dei comida, o que mais você quer?!

Nem bem ela fez a pergunta, a voz de Jurema voltou a soar nos seus ouvidos: "Não esqueça de dar uma volta com Jeremias hoje à tarde... Eles aguardam essas voltas como nós aguardamos um bom prato de comida."

Não, seria o fim da picada ela ter de sair para passear com o cão. Nunca fizera aquilo, não sabia nem como fazer. Não, de jeito algum ela se prestaria àquele papel, Jeremias que continuasse a latir, em algum momento acabaria se cansando e deixando-a em paz.

– Eu sinto muito, amigão, mas nunca saí com um cão antes, e não será agora que vou sair com um. Não tenho sequer ânimo para isso.

Jeremias se manifestou mais uma vez por meio dos seus latidos. Dessa vez, porém, ainda mais ardidos.

– Eu sinto muito.

Jeremias continuou seu protesto.

De repente, o semblante de Geórgia murchou. Entristecida disse:

– Eu preciso ir embora o quanto antes, preciso voltar para a minha casa. Acabar com toda essa loucura de vez.

Nisso ouviu um toque no portão. Certa de que seria o advogado que ela estava aguardando, correu até lá e o abriu com voracidade. Para sua surpresa e decepção tratava-se de Dona Jurema.

– Vim lhe mostrar onde fica a coleira do Jeremias, sei que deve estar procurando por ela e preocupada, pois daqui a pouco é hora de dar uma volta com ele.

A mulher passou por ela, foi até a cozinha e de lá falou:

– A coleira fica sempre aqui dependurada atrás da porta da cozinha. Compreendeu?

E voltando-se para o cão, Jurema chamou:

– Venha, Jeremias. Venha, garotão!

O cão lhe obedeceu imediatamente. A senhorinha pôs-lhe a coleira e entregou a guia para Geórgia que assistia a tudo muda e surpresa.

– A volta não precisa ser muito longa se não quiser, filha – observou a mulher no seu tom delicado de sempre – vá até a praia, será bom para você também, andar faz bem... e assim você já vai conhecendo um pouco mais da cidade... se enturmando...

Geórgia continuava paralisada sem saber o que responder. Sentindo seu sangue começar a ferver de ódio por aquela mulher, perguntou-se: será que ela ainda não percebeu o quanto estou sofrendo com tudo o que me aconteceu? O quanto é dolorido para mim ter de encarar o dia sabendo que aquela pessoa que era tão especial para mim não se encontra mais viva? Que mulher mais insensível.

Será que não ouviu quando eu disse que não ficaria nesta cidade mais do que o tempo necessário para fazer os acertos que têm de ser feitos com o advogado a respeito da herança, que não faço questão alguma de conhecer esta cidade tampouco me enturmar?

A voz de Jurema atravessou seus pensamentos:

– Há pessoas que não têm responsabilidade para com seus cães. Tratam-nos como objetos, mas eles não são objetos, são tais como nós, têm suas necessidades, vontades, personalidade. Imagine você no lugar deles, querendo sair e seu dono ignorando você, sofrido, não? Dá até um arrepio só

33

de pensar. Uma criança pode dizer o que quer de um adulto, um idoso também, mas um cão, não.

O único modo de ele se comunicar é por meio dos latidos e movimentos e, por isso, quem adota um precisa aprender sua linguagem, lembrar o tempo todo que ele tem suas necessidades e atendê-las na forma do possível.

Bem, filha, vá! Vá dar um passeio com ele, irá lhe fazer muito bem, também. Sua tia lhe agradecerá imensamente por essa gentileza. Esse era, por sinal, o seu passeio favorito. O de Theodoro também... No princípio ele se recusava a sair com o cão, mas Maila o estimulou só assim ele poderia descobrir e desfrutar dos benefícios dessa caminhada. Bastaram três delas para que Theodoro nunca mais deixasse de sair com Jeremias. Na maioria das vezes, Maila e ele iam juntos.

Maila costumava dizer, em tom brincalhão, que não é o dono do cão quem o leva para passear e, sim, o cão quem leva seu dono para passear.

Jurema tomou ar, voltou-se na direção do jardim e o admirou por instantes, respirou fundo, uma, duas vezes e disse:

– Você não a sente?

A senhora ergueu a cabeça e contemplou a copa das árvores e coqueiros.

– Ela está aqui, filha... Eu sei, eu sinto...

Geórgia arrepiou-se diante daquelas palavras. Dona Jurema acrescentou:

– Ela não deixaria este lugar jamais... Ela amava isso tudo. Creio que foi por isso que ela lhe deixou de herança, porque sabia que só você cuidaria de tudo isso aqui por ela...

Quando a senhorinha voltou a encarar Geórgia nos olhos, seus olhos estavam rasos d'água. Um sorriso bonito então brilhou na sua face de ponta a ponta e ela encerrou o encontro, dizendo:

– Se precisar de mim estarei em casa. Não hesite em me chamar.

A simpática vizinha retirou-se de fininho, fechando o portão atrás de si.

Geórgia ficou ali feito estátua, olhando para o portão que mais parecia um portal entre dois mundos, atravessá-lo requeria coragem, espírito de aventura, tudo o que ela não tinha mais.

Por fim, tomou ar e foi levar o labrador para dar sua volta diária. Foi caminhando pelo canto direito da rua feita de paralelepípedos. Jeremias ia ao seu lado, cheirando tudo o que lhe chamava atenção.

Às vezes parava para cheirar com mais profundidade um matinho ou um local. Depois fazia xixi sobre eles e retomava sua caminhada.

Enquanto aguardava o cão fazer o seu ritual, Geórgia passou a observar as casas da rua onde ficava a casa da tia e que findava na praia. Havia poucas, a maioria feita de madeira e em estado precário. Geórgia se viu, de repente, curiosa por saber quem morava dentro delas. Porém, todas, àquela hora, pareciam desertas, não havia sinal algum dos moradores.

Dali foi um pulo até chegar à rua que passava rente à praia. Ela e o cão a atravessaram calmamente, por ser fora de temporada, a cidade estava completamente vazia.

Agora se encontravam numa espécie de canteiro onde havia muitos coqueiros altos e viçosos em meio a uma vegetação rastejante. Dali, então se estendia a praia, cerca de uns duzentos metros até chegar ao mar.

Geórgia parou por alguns minutos no canteiro em questão para poder admirá-lo. A vista dali era privilegiada. Por alguns segundos, ficou acompanhando o ir e vir das ondas até estourarem na praia e se desmancharem na areia.

Quanto tempo ela não via o mar, não sentia sua energia e todo o seu encanto. Jamais pensou que haveria de revê-lo um dia como acontecia agora e tudo graças à herança que a tia lhe deixou. Jeremias permanecia ao seu lado, olhando também na direção do mar como se estivesse contemplando toda a sua grandeza.

Quando a brisa remexeu os cabelos de Geórgia, como se quisesse brincar com eles, ela sentiu um arrepio gostoso, diferente... Nisso, algumas gaivotas sobrevoaram o local, despertando sua atenção. Ao vê-las, Jeremias abanou o rabo e latiu feliz.

Subitamente o cão pulou do canteiro onde ele e Geórgia se encontravam para a praia, de forma tão ligeira que Geórgia, distraída como estava, deixou soltar a guia de sua mão.

– Jeremias volte aqui! – berrou ela, indo ao seu encalço.
– Volte aqui, já! Está me ouvindo?!

O cão se mostrou surdo aos seus apelos, continuou a correr em direção do mar e quando lá chegou começou a brincar com as pequeninas ondas que morriam na praia.

– Au, au! – latia feliz.

Ao atolar seus pés na areia fofa, Geórgia lembrou-se do seu tempo de infância quando viajava com os pais para a praia e brincava na areia molhada Foi o latido de Jeremias que a trouxe de volta do passado para o presente.

– Jeremias! – chamou ela, autoritária. – Venha até aqui agora mesmo! Estou mandando!

O cão fingiu-se de surdo mais uma vez e continuou brincando com a água como uma criança que descobre e se encanta pelo mar pela primeira vez.

Quando Geórgia sentiu o mar lamber seus pés, ela novamente se lembrou dos seus velhos tempos de infância. No quanto ela gostava daquilo e há quanto não vivia mais tudo isso. A lembrança trouxe lágrimas aos seus olhos. Lágrimas de alegria em meio a lágrimas de saudade e tristeza. Ela ajoelhou-se então na areia e deixou seus olhos se perderem na vastidão do mar.

Lá estavam as ondas no seu eterno ir e vir. Jamais exaustas de repetir aquele processo dia e noite, sempre. Será que elas cresceriam com tanta força se soubessem que iriam morrer na praia? A pergunta flutuou com a brisa e se perdeu na sua evolução.

No minuto seguinte, Jeremias achegou-se a ela com a língua de fora, dando sinais evidentes de que já havia brincado o suficiente e que, agora, era hora de voltar para casa, se ela quisesse.

– Cansou, não é, rapaz? Parece até que nunca viu o mar.

Ela pegou novamente a ponta da guia, levantou-se e caminhou de volta na direção da casa, deixando suas pegadas pela areia...

Pela rua de paralelepípedos que levava até a casa que a tia havia lhe deixado de herança, Geórgia prestou mais uma vez atenção às casas por onde passava. Em uma delas avistou um senhor da raça negra. Sua aparência como de todo negro era bem conservada, devcria ter com certeza uns vinte anos a mais do que aparentava.

Ele olhou para ela e ela sorriu-lhe, vagamente, como fazemos quando não sabemos se a pessoa vai retribuir o nosso sorriso ou não. O homem manteve-se sério. Nada em seu rosto se alterou. Geórgia, sem graça, voltou a olhar para a rua, comandando Jeremias.

Mais à frente, avistou o rostinho gracioso de uma menina na janela que ficava em frente da humilde casa de madeira onde vivia. De todas as casas, essa era a que estava em condição mais precária. A linda garotinha deveria ter não mais que nove anos de idade e seu olhar era o mais belo e singelo que Geórgia já havia visto numa criança. Geórgia sorriu para ela que retribuiu o sorriso, parecendo muito feliz por poder trocá-lo com alguém.

Ao chegar a casa herdada, Dona Jurema aguardava por ela.

– Olá, doçura – disse a mulher com um sorriso simpático.

Geórgia tentou retribuir o sorriso.

– Enquanto esteve fora, querida, a secretária do seu advogado passou aqui para avisá-la que o Dr. Fernando, por motivos de força maior só voltará para a cidade daqui a dois dias.

A decepção no rosto de Geórgia foi notável.

– Dois dias?! – lamentou. – Essa não!

– Veja por outro lado, minha querida. Assim você terá tempo de sobra para doar os pertences de sua tia e refletir melhor se deve mesmo pôr a casa à venda.

Antes que Geórgia dissesse alguma coisa, Jurema foi até o murinho que havia rente ao muro de sua casa, pegou uma assadeira onde havia pão, manteiga e geleia caseira, feitos por ela mesma. E um pedaço de torta salgada de legumes e outro de bolo pão de ló.

– Achei melhor preparar isso para você passar a noite e servir-se no café da manhã. É lógico que se preferir vir até minha casa para fazer as refeições, tomar café, esteja à vontade.

– Obrigada.

– Estou fazendo uma canja de galinha e a minha é das boas. Você vai adorar. Era a predileta de sua tia e de seu tio. Vá tomar o seu banho, até lá ela já estará pronta, eu trago para você, se preferir comer aqui.

– Novamente, obrigada, Dona Jurema.

Antes de adentrar a casa, Geórgia perguntou para se certificar:

– A senhora tem certeza de que a secretária disse mesmo que o advogado só volta daqui a dois dias?

– Absoluta, doçura. E ela disse também que assim que ele chegar, ele a procura, o que facilita bastante para você, assim não tem de ficar indo até o escritório para dar com os burros na água, não é mesmo?

Um meio sorriso se estampou na face de Geórgia. Seu próximo passo foi tomar banho como sugeriu a vizinha e vestir uma das roupas que foram da tia.

Depois provou a canja preparada por Dona Jurema que estava realmente ótima, bem como o pão, a manteiga, a geleia, a torta e o bolo...

Geórgia se surpreendeu ao se ver provando de tudo com muito gosto, há tempos não fazia aquilo, o passeio deveria ter-lhe aberto o apetite. Seus últimos jantares foram lamentáveis, sem apetite algum. Ficavam esperando por ela que não tinha a mínima vontade de prová-los por mais apetitosos que fossem. Já vinha sendo assim faz tempo.

Poderia ser anorexia, pensou o médico a princípio, mas depois diagnosticou depressão. Achou então que os antidepressivos a ajudariam, mas não, àquela altura já emagrecera cerca de 20 quilos. Estava quase pele e osso e branca como cera, pois não via o sol desde que toda amargura começou: o dia em que o diagnóstico médico foi dado para o seu *alguém especial*.

Ela ainda podia sentir a dor que dilacerou seu peito naquele instante e pareceu cortá-la em pedaços. Podia também reviver a sensação que teve a seguir, a de estar sendo tragada por um abismo sem fim, sendo abraçada pela morte sem dó nem piedade.

Depois de lavar a louça e guardar as sobras no seu devido lugar, Geórgia entristeceu, ficou imersa em seus pensamentos, presa num labirinto de dor, revolta e saudade. Foi Jeremias, minutos depois, quem a tirou daquele transe. Seu latido a fez recobrar a consciência de onde estava. Ao se deparar com os olhos do cão admirando sua pessoa, olhos inocentes e amigáveis, um sorriso ainda que amarelo iluminou sua face.

– Melhor ser um cão, meu rapaz – disse ela, lânguida. – Sofre menos, bem menos por não ter consciência da existência da morte e de toda dor e tristeza que ela nos causa.

– Au, au...

"Cães têm alma" lembrou-se ela mais uma vez do que Dona Jurema lhe dissera. E, novamente, achou graça daquilo.

Só então notou que Jeremias também tivera um surpreendente apetite naquele fim de dia, pois devorara toda a comida destinada a ele.

– Comeu tudo, hein, meu amigo?! Parabéns!

O cão se aproximou dela e roçou-lhe as pernas. Deitou-se de costa e ficou esperando um agrado. Deveria fazê-lo ou não?, perguntou-se Geórgia. Chegou a estender, por diversas vezes, a mão na intenção de fazer o cafuné no peito que o cão tanto queria, mas quando estava prestes a tocá-lo, recolhia a mão. Talvez por medo, talvez por inibição, por algo que nem ela própria sabia ao certo.

Nunca tivera um cão. Nunca fora dada com animais. Na verdade sempre os tratou como algo inanimado. E, agora, por causa da tia lá estava ela diante de um, quem vai entender...

Cansado de esperar pelo agrado, Jeremias virou-se de barriga para baixo e pousou seu focinho sobre os pés de Geórgia.

Minutos depois, ela, sem se aperceber, levou a sua mão até a cabeça do cão e começou a lhe fazer um cafuné. Aquilo foi relaxando o animal do mesmo modo que a relaxava. Era bom fazer aquilo, percebeu, muito bom, relaxante, caloroso, afetuoso...

Jeremias latiu outra vez, dessa vez, porém, de forma diferente, observou Geórgia. Era um latido de agradecimento pelo que ela fazia por ele.

Ela, então, compreendeu que os latidos eram a sua forma de se comunicar com as pessoas e com seus semelhantes.

Era seu modo de chamar a atenção dos que o cercavam para dizer-lhes: "Olha, estou aqui, me dê carinho!" e "Obrigado por ter me dado carinho".

Após ficar uns bons minutos entretida com Jeremias, Geórgia resolveu se recolher, queria dormir logo para acordar cedo e resolver o que viera fazer o mais rápido possível.

Ao subir para o andar superior não foi tão ágil dessa vez para despistar Jeremias, o cão passou por ela com a ligeireza de um exímio jogador de futebol e subiu as escadas velozmente.

– E agora? Como vou tirar esse cão lá de cima? – perguntou-se Geórgia com certa raiva. – Jeremias, Jeremias! – chamou ela, indo ao seu encalço.

Procurou por ele por todo canto, mas o cão havia sumido. Parecia até que havia se evaporado.

Só pode estar debaixo de algum móvel, pensou Geórgia, mas descartou a possibilidade no mesmo instante em que se lembrou que sendo Jeremias um cão grandalhão aquilo seria impossível.

Deveria, então, ter-se escondido debaixo de uma das camas, sim, era o único local provável. Ela estava prestes a olhar debaixo delas quando temeu que o cão a agredisse caso fizesse aquilo. Seria melhor deixá-lo dormir onde quisesse, assim teria paz. Seria apenas por duas noites, nada mais.

Apesar de ser outono o ar estava abafado. Geórgia resolveu abrir um pouco a janela para refrescar o ambiente. Assim que o ar invadiu o lugar, ela relaxou... Deixou seu corpo sentar-se no sofá e ficou ali deixando-se envolver por aquela brisa agradável. Quando deu por si novamente estava passeando os olhos pelos móveis da sala.

A tia tinha bom gosto, isso ela não podia negar, eram móveis de excepcional beleza. Seria uma pena ter de dá-los para quem os quisesse, mas era o modo mais fácil de se ver livre deles. Talvez nem fosse preciso procurar alguém que quisesse ficar com eles, ela poderia vendê-los junto com a casa, daria apenas as roupas que pertenceram à tia. Sim, isso era o mais sensato a ser feito.

De todos os móveis ali o que mais encantou Geórgia foi a cristaleira, era de uma beleza excepcional. Os entalhes na madeira em forma de flores eram lindíssimos de se verem e, na certa, foram feitos à mão. Algo admirável.

Ela levantou-se e foi até o móvel e o abriu. Seu interior estava repleto de louças de porcelana uma peça mais mimosa que a outra. Se fosse noutra época, certamente, ela ficaria com a cristaleira e tudo que havia nela para si, sem pensar duas vezes. Agora, no entanto, não via mais razão para ter algo tão belo em sua casa.

Nada mais importava, o dinheiro, que tanto dera valor, os objetos materiais, nada, simplesmente nada mais lhe importava. Dizem que quando se perde alguém especial os materialistas podem ir ao fundo do poço, mas jamais abrem mão de suas posses, tanto quanto da obsessão por ganhar dinheiro, basta sugerir-lhes que se desapeguem um pouco mais, que deixem de viver tão obsecados por dinheiro, que eles viram bicho.

Ela, Geórgia, no entanto, era uma exceção. Nada de material importava mais, de fato. Aprendera a duras penas que o dinheiro não salva as pessoas que tanto queremos salvar. Que se o dinheiro fosse a solução para todos os males da vida, as pessoas ricas seriam extremamente felizes.

Sua atenção foi despertada por algo que havia na prateleira abaixo das que seguravam a louça. Parecia um livro, sua capa havia sido recoberta por um tecido florido, algo bonito de se ver. Ela o pegou, pensando tratar-se de um álbum de fotos, ou de receitas, ou uma agenda, ou uma agenda telefônica, qualquer coisa, enfim...

Sentou-se junto ao abajur, acendeu-o e abriu o livro. Errara feio nas suas suposições. Tratava-se de um diário. O diário de sua tia. Que curioso, murmurou. Nunca conhecera alguém que tivesse um, jamais.

Ficou temporariamente sem graça de lê-lo, seria intromissão demais; por outro lado, ela poderia encontrar ali o porquê a tia havia se lembrado dela na hora de fazer o testamento e lhe deixado aquela casa como herança. Sem mais receio, ela abriu uma página aleatoriamente e se pôs a ler o diário...

Hoje me lembrei da primeira vez em que meu coração se abriu para a música. Foi por meio de um pianista que cantava divinamente bem. Já o ouvira cantar, mas nunca havia parado para ouvi-lo com os sentidos da alma. Foi só então que pude perceber que ele tocava o piano e cantava com a própria alma. Seu jeito de tocar e cantar tinha o poder de nos fazer desligar do mundo. Dos nossos problemas, das nossas inseguranças e frustrações, dos nossos dissabores... E nos fazer deslizar como que por um arco-íris despreocupados de tudo, encantados com a vida.

A princípio, eu não sabia dizer o que me encantava mais. Se era sua voz, harmônica e aveludada, ou se era o seu jeito de tocar o instrumento, como se estivesse brincando com ele, ou se era a letra da canção, que mais tarde descobri ser de sua autoria, bem como a melodia, ou se era tudo aquilo num conjunto.

A certa hora, cheguei a pensar que era Deus quem estava tocando aquele virtuoso piano de cauda por intermédio das suas mãos. E era Ele também quem cantava, fazendo uso da voz do pianista para nos abençoar com tamanha serenata.

Quando Theodoro percebeu meu interesse e encanto pelo músico, ficou enciumado. Pobre Theodoro, sua maior dificuldade na vida era aprender a lidar com o ciúme. Seu ciúme doentio.

– Meu tio Theodoro, ciumento? Quem diria... – murmurou Geórgia, distante.

A menção do nome fez com que Jeremias erguesse a cabeça e olhasse para o corredor como se esperasse pelo dono da casa. Geórgia retomou a leitura.

A canção dele que mais me encantou dizia:
"Por que você não diz se quer ficar?
Me diz então pra gente só
Se olhar, pensar, volver, sentir...
Por que você não vai de vez?
Ou me destrói de uma vez?
Por que você não diz então
Adeus pro meu coração?
As coisas vão mudar
E tudo, tudo vai ter de encontrar seu lugar
Já não dá mais, é dessa vez ou nunca....
Vou me localizar e dizer pro fim
Que nunca haverá em mim
Que tudo é pra sempre,
Sempre, pra sempre...
Como fugir, então?
Do que nem sempre a gente encontra a solução
Os desejos já foram todos pro penhasco
A gente ao menos sobreviveu
E a gente acaba só
Pra não enfrentar uma pior
Porque juntos deu nó
Pra fugir do pior
A gente acaba!"

Volta e meia me pegava cantando a melodia e, cada vez que isso acontecia, brotava dentro de mim a sensação de liberdade e renovação. Jamais pensei que uma canção pudesse me dar essa surpreendente e maravilhosa sensação. Traduzir o que, de certo modo, ia e vinha de minha alma.

Outra canção dele que me tocou fundo foi intitulada "Preso no silêncio". Dizia:

"Preso no silêncio
Por todo amor se paga um preço
Pode ser barato ou caro
Você que se vire
Saudade da gente
De subir pela parede
De xingar tudo a que tenho direito
Afinal, sou filho de Deus
É louco estar nesse lugar, lúcido
Eu juro... que quando eu te ver, baby
Vou descansar berrando todo o meu amor
Vou ficar lúcido, nesse lugar louco e fazer
O que a gente sonhou...
Preso no silêncio
Pelo que a gente quer
Sempre há um preço
Aguente se der...
Saudade da gente
De subir pela parede
De xingar tudo a que tenho direito
Afinal, sou filho de Deus"

Desde esse dia passei a observar meus semelhantes e constatar que poucos despertavam para os encantos da

46

música e de letras tão lindas e marcantes como essas duas. Percebi também que sem a música a vida não seria tão encantadora, e deve ter sido isso que Deus percebeu e O fez criá-la.

Mais tarde, após espiritualizar-me, percebi que o músico é um tipo de médium também. Pois ele capta as canções e letras que vêm muitas vezes do Além. Daí o porquê da alma de todo músico ser sensível e apurada, caso contrário não teria a sensibilidade necessária para captar o som do Universo.

O ranger do assoalho de madeira fez Geórgia tirar os olhos do diário. Segurou para não gritar de susto ao ver Jeremias, olhando para ela. Ele a olhava tão carinhosamente que seu olhar a comoveu.

– O que quer, agora? Carinho, é? De novo?

Ela balançou a cabeça negativamente ao se perceber, conversando com o cão. Então, de repente, Jeremias subiu no sofá num pulo e se aconchegou ao lado dela.

Geórgia ficou imóvel por instantes sem saber o que fazer. Receosa de que o cão avançasse nela caso o forçasse a descer, acabou achando por bem deixá-lo ali. A seguir voltou a ler os manuscritos da tia, noutra página escolhida de forma aleatória.

Hoje me diverti mais uma vez às pampas com o Theodoro. Pobrezinho, errou novamente o modo de fazer a mágica e todos descobriram o truque. Ainda bem que ele riu de si mesmo. É maravilhoso ver que ele aprendeu a rir de si próprio ao longo dos anos. Algo importantíssimo, pois quem não sabe rir de si mesmo endurece por dentro e uma pessoa endurecida não é nada saudável para si próprio e para os outros...

Rir de si mesmo, quando necessário faz bem para a saúde. Não devemos levar a vida tão a sério, a ferro e fogo... Devemos e podemos levar a vida com bom humor...

Quem viu Theodoro no passado e o vê hoje, não crê. Um homem duro, amolecido. Um homem rígido, brincalhão. Seu novo modo de ser é um grande passo na sua evolução... Uma grande bênção...

É tão bom quando a gente se permite mudar para melhor... É tão bom quando a gente se espanta por ter se permitido mudar para melhor... É tão surpreendente descobrir que podemos ser melhores, bem melhores do que pensamos ser...

Aquelas palavras tocaram fundo o coração de Geórgia. A ponto de fazê-la fechar o diário por instantes e meditar sobre elas. Ao retomar a leitura, ela decidiu pular algumas páginas, na que escolheu lia-se:

Hoje, eu e Theodoro, comemoramos nossas bodas de ouro. Na celebração estavam presentes somente eu, ele e a lua com seu luar que mais parecia uma chuva de prata. Saímos para caminhar à beira da praia, abraçadinhos como nos velhos tempos de nosso namoro. Nossos anos dourados...

Às vezes me espanto e creio que Theodoro também, quando percebemos que mesmo após cinquenta anos de casados, ainda sentimos as mesmas sensações dos nossos primeiros encontros de namoro, dos primeiros contatos das mãos, primeiros abraços, beijos...

É incrível como nada mudou, é sempre como se fosse pela primeira vez desde que o amor resplandeceu em nós.

Um amor que conseguiu sobreviver a desafios e tempestades, doenças e desilusões... Um amor que compreendeu desde muito cedo que só teria condições de sobreviver se colaborássemos para que desse certo, se o mantivéssemos vivo dentro de nós, com a chama da paixão sempre acesa e viçosa...

Quis muito que o Theodoro mudasse os hábitos nocivos que adquiriu ao longo de sua existência, hábitos que ele sequer percebia ter, lógico que para haver essa mudança era preciso de paciência, afinal, ninguém consegue mudá-los assim de uma hora para outra. Se eu não tivesse procurado ser paciente não teria aguardado o Theodoro mudar e, com isso, teria estragado a nossa chance de sermos felizes lado a lado. Foi então que percebi o quanto é importante a gente fazer uso da paciência e, caso descubramos que não a temos, procuremos desenvolvê-la em nós.

Queria que o meu Theodoro mudasse esses hábitos não por mim, mas por ele próprio, pois a mudança faria mais bem a ele do que a mim. O que de fato foi comprovado por ele mais tarde.

Se Theodoro também não tivesse procurado fazer uso da paciência não teria compreendido a missão que Deus me deu e, com isso, também comprometido negativamente a nossa chance de sermos felizes.

Hoje sei que o casamento é o que mais desenvolve em nós o dom da paciência. Sem ele seríamos escravos da impaciência o que é lamentável, pois uma pessoa impaciente está sempre vivendo em meio a um caos emocional. Daí uma das razões para nos casarmos. O casamento nos ajuda a evoluir.

Durante o passeio à beira-mar, Theodoro cantarolou a canção que marcou o início do nosso namoro:

"Perto de mim, você tá perto do fogo
Longe de mim, no seu mundo tão louco
Não sei o que é melhor, não sei o que é pior
Só sei que a vida quis assim
Você em mim
Eu em você
Até o fim, até se perder...
Na imensidão do coração
Onde o amor encontra sempre razão
Minhas manias já são suas manias
Muitas das suas já são minhas também
Qual é a moral? Qual é, afinal?
Só sei que a vida quis assim.
Dividimos chocolates e outras vontades
Compartilhamos dores e outros amores
Qual é a moral? Qual é, afinal?
Só sei que a vida quis assim..."

Depois me beijou, tendo somente a lua e as estrelas como testemunhas. A onda lambeu nossas pernas e pés naquele instante, nos fazendo arrepiar de emoção. O amor explodia em nós novamente como da primeira vez.

Ah, eu o amo tanto, tanto, tanto... Que só tenho a agradecer a Deus por tê-lo posto em minha vida, feito dele meu marido, feito de mim sua esposa, sua companheira, sua alma gêmea. Estou certa de que o nosso amor é eterno e que mesmo depois de mortos ainda viveremos juntos na eternidade.

Antes de prosseguir na leitura, Geórgia deu uma pausa para enxugar as lágrimas que escorriam de seus olhos. Páginas à frente, lia-se:

Hoje, Jeremias chegou à nossa casa. Foi Theodoro quem sugeriu que o chamássemos de Jeremias. Eu aceitei a sugestão na mesma hora, não só porque adorei o nome, mas por achar que o labrador tinha realmente cara de Jeremias. Não levou muito para que o cão reagisse toda vez que o chamávamos pelo nome. Jeremias trouxe muita alegria para nós e nossos amigos.

Ah, os cães, eles nos ensinam tanto... Nos fazem lembrar, toda vez que nos pedem para acariciá-los, que não nos devemos esquecer de dar afeto ao próximo. Que precisamos inclusive pedir, toda vez que precisarmos de afeto, um abraço, um beijo, uma companhia... Nos fazem perceber também, quando nos pedem para dar uma volta com eles, o quanto caminhar é importante para nós, para relaxar, nos exercitar, extravasar as emoções...

Sim, os cães nos ensinam muito... felizes daqueles que se permitem aprender com eles.

Geórgia voltou os olhos para Jeremias deitado ao seu lado e sorriu ao perceber que o animal dormia como um bebê. Jamais pensou que chegaria tão perto de um cão como agora e que se engraçaria por sua presença.

Geórgia voltou a ler o diário, vinte páginas à frente da que lera por último.

Hoje Theodoro foi se embora... Eu sabia, nós sabíamos que esse dia chegaria, mas por mais que estejamos preparados para a sua chegada nunca estamos de fato... Ainda ontem caminhamos sob o luar e cantamos para as estrelas... Algumas gaivotas chegaram a sobrevoar por sobre nossas cabeças... nos sentíamos tão em paz... ele se sentia em paz.

Theodoro partiu como sempre pediu a Deus, de forma serena. Antes de levarem o corpo para o cemitério eu li, em voz alta, um poema que recebi de um amigo, certa vez, e que a meu ver traduzia muito bem o que todos ali estavam sentindo com sua partida.

"Por mais que eu tenha passado todos esses longos anos ao seu lado e tivesse tido tempo e oportunidade de sobra para lhe dizer o quanto eu o amava, o quanto você significava para mim, ainda assim, não foi o suficiente para expressar tudo que ia em meu coração por você.

Hoje sei que toda vez que eu olhar para o céu encontrarei um pouco de você nele...

Quando eu estiver entre as flores e árvores sentirei o seu calor humano...

Quando estiver entre as pessoas o verei em seus rostos para, quem sabe assim, matar um pouco da saudade que vou sentir de você...

Quando inspirar o ar, sentirei o seu inconfundível perfume, pois você estará também no ar que respiro...

Quando eu fechar os olhos para não ver a solidão, verei você...

Quando voltar a abrir os olhos sua imagem ainda estará diante de mim...

E será assim até que nós possamos nos reencontrar no Além da vida..."

Abaixo do poema, Maila dizia:

Não quis ir ao enterro... pedi aos amigos que o levassem... precisava ajudar aquele casal que chegara até a mim em estado desesperador... Sei que Theodoro me compreenderia... sim, eu sei, eu sinto....

Jeremias percebe tudo o que está acontecendo e, por isso, está triste, mas vai se recuperar. Eu chorei muito, sim, não pela morte, mas pela separação... Há muito que já sei que a morte nada mais é que uma passagem...

Sei que Theodoro jamais vai me deixar só, sei que ele compreende que se eu fiquei na Terra é porque eu ainda não cumpri a minha missão... A missão que Deus dá a cada um de nós, sem exceção... Sei também que Theodoro estará em boas mãos... creio em Deus, sei que se Ele o chamou é porque Theodoro já havia cumprido a sua missão na Terra.

Sei que saudade rondará a minha casa agora com mais intensidade... Sim, a saudade... Eu sabia que um dia ela voltaria a bater a minha porta, não há como evitar suas visitas ao longo da vida... Aprender a lidar com ela de forma equilibrada faz parte da nossa evolução... Mais uma importante lição da vida.

Geórgia tomou alguns segundos para enxugar as lágrimas antes de continuar a leitura.

No dia do funeral observei mais uma vez aquilo que meus amigos já haviam me pedido para observar: o fato de que a natureza ao redor de nós ali presentes mantinha-se a mesma diante da morte de um ser humano, de nosso ente querido.

O sol continuava brilhando no céu, as gaivotas continuando ziguezagueando pelo ar, as ondas permaneciam quebrando na praia, as nuvens se desenhando no céu, a brisa soprando, o ar continuando a nos manter vivos... tudo continuava seu curso perfeito, tudo em paz...

E a natureza mantinha-se assim, no seu curso natural, não só para nos lembrar que apesar da tristeza que sentíamos, a vida continua, mas também por compreender que a morte é um processo natural da vida... que o espírito sobrevive à morte carnal e segue rumo a Deus.

Quando Geórgia terminou de ler esse trecho, sem perceber, levou a mão até o cão e começou a acariciá-lo. Ficou inerte por alguns segundos, rememorando as palavras da tia.

Ouvira falar que o espírito sobrevive à morte desde criança, quis muito acreditar naquilo, mas, no íntimo, nunca acreditou. Depois da perda daquele seu *alguém especial*, ficou claro para ela que a morte era o ponto final na vida de todo e qualquer ser vivo. Se não fosse, ela teria visto o seu *alguém especial* da mesma forma que os discípulos viram Cristo ressuscitado.

Diante do fato de a tia ter preferido ficar em sua casa para ajudar um casal, a ir ao enterro do marido, Geórgia chegou mais uma vez à conclusão de que Maila não estava mesmo certa das ideias.

Que casal seria esse e o que havia lhes acontecido de tão grave para fazer a tia tomar aquela atitude? Havia algo de muito estranho naquilo tudo.

Geórgia voltou a ler o diário de Maila e adormeceu enquanto o lia. Ali mesmo sentada no sofá ao lado de Jeremias.

O mundo dos sonhos a recebeu dessa vez com um sonho caloroso. Ela estava no que para ela parecia ser a Riviera

Francesa, sentada numa amurada que dava para o mar. Nisso uma amiga de outrora aproximou-se, uma amiga que ficara paralítica na infância sendo obrigada a viver numa cadeira de rodas até o último dia de sua vida. Destino que causou muita dor aos seus pais e familiares. Sua morte, aos vinte e seis anos, causara ainda mais dor a todos.

Diante de revertérios como aquele que se deu na vida de sua amiga, Geórgia se perguntou muitas vezes: por que umas pessoas nascem para sofrer mais que as outras? De que serve o sofrimento se tudo finda na morte? Por que essa desigualdade entre os seres humanos? Por que essa vida maluca?

No entanto, no sonho, naquele dia, àquela hora, a amiga estava andando normalmente sobre as próprias pernas, estava corada, viçosa, com um leve bronzeado no corpo que lhe dava uma tonalidade dourada. Chegou sorrindo, beijou-lhe a face e saiu saltitante como uma criança faz quando quer brincar. Geórgia estava surpresa tanto quanto feliz por ver a amiga querida andando sobre as próprias pernas novamente, livre da cadeira de rodas. Ela ouviu então alguém lhe dizer:

"Ela está assim, empolgada, desde que voltou a andar".

Quando Geórgia se voltou na direção da voz, para sua surpresa, não havia ninguém ali. O impacto a fez despertar e refletir. Os sonhos eram deveras malucos. Neles podíamos ver uma pessoa cuja doença a privou de andar, de usufruir de tudo o que em condições físicas normais alguém pode usufruir da vida, em condições opostas. Algo completamente às avessas da realidade.

Diziam que quando se sonha com alguém é porque se ouviu falar dela ou se lembrou de algo em que ela estava presente. No entanto, ela, Geórgia, não ouvira falar de sua amiga, tampouco se lembrou de algo a seu respeito. O porquê de ela ter sonhado com ela naquele dia, àquela hora, era realmente um mistério como tantos que cercam a vida.

De qualquer modo o sonho lhe fez bem e pareceu tão real que ela teve a nítida sensação de estar vivendo realmente aquilo, até o calor que o beijo provoca nas pessoas, ela sentiu ao ser beijada pela amiga (desencarnada).

Era como se de fato sua querida amiga tivesse se curado daquela enfermidade e voltado a andar com as próprias pernas e estava feliz por isso, imensamente feliz.

O mais comovente em toda aquela história era o fato de a amiga nunca ter reclamado com ninguém do que lhe acontecera. Aceitou a doença sem revolta, tampouco a utilizou como desculpa para não ter de trabalhar, pelo contrário, trabalhou como um boi, foi arrimo de família, algo realmente admirável de se ver num ser humano. Um exemplo a ser seguido, visto que muitos em condições físicas perfeitas se recusam a trabalhar por manha ou comodismo e se revoltam com a vida. Os jovens, principalmente, e por bobagens e mimo e, muitas mulheres, também por não terem o cabelo da forma como gostariam ou qualquer outra insignificância.

Pena que o sonho nada mais era que algo a quilômetros de distância da realidade.

Por outro lado, se houvesse realmente vida após a morte, era mais do que justo que sua amiga pudesse voltar a andar sem o auxílio da cadeira de rodas, afinal, após ter aceitado tão complacentemente seu cruel destino seria uma recompensa merecida por sua aceitação.

Infelizmente para Geórgia, não havia recompensas na vida. Morreu, morreu! Se houvesse realmente vida após a morte, alguém já haveria de ter aparecido para os seus familiares e conversado com eles para comprovar o fato.

Jesus sobreviveu à morte e foi visto por aqueles que o acompanhavam porque era Jesus, o filho de Deus, ou o próprio, como muitos acreditam. Já que ninguém mais é Jesus, não podem usufruir da mesma dádiva concedida a ele pelo Criador.

Geórgia suspirou e se ateve novamente aos seus pensamentos.

Por que uns com tanto e outros com tão pouco?, perguntou-se. Por que uns com um destino bonito e invejável e outros com um tão deprimente? Quantas perguntas sem respostas. Quanto mistério. Tal como o que a envolvia agora. Por que a tia havia deixado para ela aquela casa se não a via há tantos anos e nunca haviam sido íntimas? Por quê?

Ao lembrar-se que precisava acordar cedo, Geórgia dirigiu-se para o quarto onde havia uma cama forrada com lençol e coberta. Jeremias despertou e foi atrás dela

– Lá vem minha segunda sombra – comentou ela, em tom brincalhão.

Mais uma vez ela não foi rápida o suficiente para entrar no quarto e fechar a porta sem que o cão entrasse no aposento. Jeremias correu para dentro e escorregou para debaixo da cama. Geórgia o repreendeu na mesma hora:

– Você não pode dormir no mesmo quarto que eu, meu caro!

O cão pôs a cabecinha para fora e olhou para ela como quem diz: daqui não saio, daqui ninguém me tira. Visto que seria impossível removê-lo dali por si só, Geórgia embrenhou-se debaixo do lençol com a coberta e procurou dormir. O que logo aconteceu, e, pela primeira vez, desde a perda do seu alguém especial, de modo suave e sem soníferos e os antidepressivos. Tão atribulado fora o dia que ela acabou se esquecendo de tomá-los.

Sua amiga mais fiel, chamada tristeza, para sua surpresa, não lhe fora visitar aquela noite.

Capitulo 3

O dia seguinte amanheceu com um sol brilhante e dourado, iluminando aquele céu de outono. Geórgia dormiu tão bem e profundamente que só acordou quando Jeremias, cansado de esperar pelo seu despertar, começou a se agitar pelo quarto.

– Olá, Jeremias – disse ela enquanto espreguiçava. – Que horas serão?

Ela se vestiu, desceu e encontrou o sol lá fora numa temperatura gostosa.

– Deve ser tarde. Perdi o horário, como pude?

Nisso Jeremias latiu.

– O que foi, rapaz?

Ele agora a encarava com seus olhos profundos, parecendo querer lhe dizer algo.

– Ainda não aprendi sua linguagem, Jeremias, sinto muito. É fome? Quer comer? É isso?

Geórgia pôs o restante da comida que Dona Jurema havia lhe dado na vasilha do cão. Não foi preciso pôr água, pois havia o suficiente no recipiente. Mas Jeremias continuou acompanhando seus passos e a abanar o rabo toda vez que ela lhe destinava o olhar e perguntava:

– O que é?

E, mais uma vez, ele respondia agitando o rabo:

– Au, au!

Sem paciência para decifrar o que sua *sombra* queria dela, Geórgia foi até a cozinha em busca de pó de café. Há meses que não tomava uma xícara sequer do líquido preto, mas acordara com uma vontade tamanha de saborear a bebida ainda que fosse uma xicarazinha só.

Assim que encontrou o pó, pôs a água na chaleira para ferver. Depois, pôs o pó no coador de pano, em seguida adoçou a água e, por fim, coou o café. O aroma logo impregnou toda a cozinha e se alastrou pelos arredores da casa.

Geórgia nunca se sentira tão bem na companhia da bebida como agora. Saboreou-a com delicadeza e vontade. Jeremias a observava o tempo todo, com seus olhos de piedade e seu rabo balançante toda vez que os olhos dela se encontravam com os seus.

– Não vai me dizer que você quer um pouco do café? – perguntou ela, apertando as sobrancelhas.

E tudo o que se ouviu do cão mais uma vez como resposta, foi:

– Au, au!

Depois de degustar o café com um dos pedaços de pão que havia sobrado do dia anterior, Geórgia saiu da cozinha e se deixou ser tocada pelo sol gostoso da manhã. Foi nesse momento que ela percebeu que sua respiração estava melhor. Fluindo naturalmente, com certeza por causa do ar da praia. Ela inspirou e expirou o ar com calma e profundamente, enchendo os seus pulmões de ar puro.

Então, teve um estalo. Voltou-se para o cão e disse:

– É a sua volta pela manhã, não é? É isso que você está querendo de mim, não é mesmo? Pobre Jeremias...

O cão latiu em concordância. Geórgia achou graça e comentou:

– Até parece que você entende o que digo, pobrezinho. Vocês não só não têm alma como também não têm inteligência para compreender alguma coisa.

Nisso ouviu-se um toque num portão. Geórgia sorriu, contente, ao pensar que poderia ser o advogado que antecipara a sua volta. Com a agilidade de uma lebre, correu até lá e o abriu. Alarme falso, mais uma vez. Era Dona Jurema quem estava ali com seu sorriso simpático e seus olhos entusiasmados pela vida.

– Bom dia, filha. Que Deus, hoje, como sempre, ilumine seu caminho e o sol a cubra com uma cor bonita. Você está precisando de um bronzeado. Como foi a sua noite? A cama estava confortável? Pela sua aparência você dormiu muito bem. Pelo cheirinho do café se espalhando pelo ar, percebo que coou um agorinha há pouco. Não vou me demorar, só vim lhe trazer um pedaço de bolo de fubá que acabei de tirar do forno. Aqui está. E a canja de ontem, o que achou? E o pão, e a manteiga e a geleia? Bom! Ótimo!

Geórgia tentou responder a uma das perguntas da senhora, mas ela não a deixava. Ela própria se adiantava na resposta.

– Espero que a ótima noite de sono tenha ajudado você a mudar de ideia com relação à venda da casa. Espero mesmo de coração. Bom, já vou indo. Se precisar de mim, é só me chamar. Não se esqueça de dar a voltinha com o Jeremias, ele já deve estar ansioso por ela. Até logo.

Sem mais a mulher voltou para a sua casa do outro lado da rua.

– Dona Jurema – chamou Geórgia.

A senhora voltou-se para trás e novamente se adiantou nas palavras:

– Já sei, doçura. Se por acaso o advogado aparecer, vai que por uma sorte ele tenha antecipado sua volta à cidade, diga a ele para aguardar por você, certo?

Geórgia fez que sim, com a cabeça, impressionada, mais uma vez, com a agilidade de raciocínio da mulher.

Geórgia voltou para dentro da casa, rememorando as palavras de Dona Jurema.

"Que Deus, hoje, ilumine seu caminho e que o Sol a cubra com uma cor bonita, você está precisando tomar uma cor", foi isso mesmo que ela ouvira?, perguntou-se Geórgia, perplexa. Que mulher estranha. Completamente caduca.

Foi nesse momento que Geórgia se perguntou, mais uma vez: "Para que chegar à velhice se todos acabam ficando gagás? Só para sofrer um pouco mais? Já não basta todo o sofrimento que se viveu ao longo da vida?".

Nisso Jeremias a fez lembrar que ainda estava ali aguardando por ela. Ela o encarou e ele latiu, abanando o rabo com graciosidade, novamente. Olhou para o portão, voltou o olhar para ela, repetindo o gesto umas três vezes. Parecia estar apontando para ela com a cabeça o que deveria ser feito. O gesto do cão desarmou Geórgia mais uma vez.

– Está bem – exclamou –, vamos ao seu passeio.

O cão só faltou uivar de alegria. Sem muita dificuldade, Geórgia prendeu novamente a guia na coleira do animal e os dois tomaram o mesmo caminho que haviam tomado na tarde do dia anterior em direção ao mar.

Na praia, Geórgia soltou a guia para que o cão pudesse correr livremente.

Lá ia novamente Jeremias, correndo pela praia em direção ao mar para brincar com as ondinhas que chegam ali. Volta e meia latindo, feliz por poder estar vivendo tudo aquilo tão à vontade. Então, subitamente ele começou a correr ao longo da praia, latindo cada vez mais forte. Sua reação assustou Geórgia.

– Ei, aonde você vai?

Nem bem a pergunta foi feita, o animal deu meia volta e voltou na sua direção. Repetiu a evolução umas três vezes até chegar a ela, com a língua de fora, babando e esbaforido.

– Já sei, é hora de voltar para a casa.

Foi na volta que Geórgia reviu a garotinha que havia visto na janela de uma casa no dia anterior. Estava no mesmo lugar e, assim que avistou Geórgia, sorriu de orelha a orelha, como também fizera no dia anterior.

Geórgia parou rente ao muro, retribuiu o sorriso e perguntou-lhe:

– Olá, como vai?

O sorriso da menina se ampliou.

– Qual é o seu nome?

– Vitória.

– O meu é Geórgia.

Nisso Jeremias latiu como se quisesse também tomar parte da conversa.

– É o Jeremias? – perguntou a menina. – Não dá para vê-lo por causa do muro.

– Sim. Você o conhece?

Ela balançou a cabeça em concordância.

– Vamos, Jeremias diga olá para a Vitória.

O cão atendeu ao pedido, imediatamente.

– Au, au!

Geórgia riu.

– Até parece que você entende o que falo.

Vitória fez uma observação a seguir:

– Hoje o tempo vai ser bom.

– É mesmo, como sabe?

– Vovó me ensinou que quando o morro...

– Morro?

– Aquele lá, ó – apontou a menina com o dedo. – Quando o morro está limpinho, sem nuvens cobrindo ele, é porque o dia vai ser bom e sem chuva. Se estivesse coberto seria nublado e provavelmente choveria.

Geórgia assentiu com um sorriso, mas duvidou que aquilo fosse verdade.

Nisso uma senhora bem idosa apareceu na frente da casa e sorriu amavelmente para ela.

– Olha só quem está aí, vovó, o Jeremias – informou a menina.

A mulher tornou a sorrir, caminhou até o portão e o abriu. Assim que viu o cão, um novo sorriso despontou em sua face, no mesmo instante em que Jeremias foi até ela e latiu por rever alguém que queria bem. A senhora fez um carinho na cabeça do cachorro e lhe disse umas palavras ininteligíveis. Voltou-se então para Geórgia e perguntou:

– Você deve ser a sobrinha de Maila, não? A que herdou a casa... Muito prazer, sou Divina. Era muito amiga de sua tia... bem, quem não era, não é mesmo? Todos a adoravam... também pudera... com toda aquela bondade... Aquele dom maravilhoso...

A senhora enxugou os olhos antes de dizer:

– Não posso chorar... ela sempre nos dizia que não deveríamos chorar mais que o necessário após a perda de um ente querido ou de uma pessoa muito especial em nossa vida... Que isso não fazia bem nem para nós, nem para os que partiram... É que, às vezes, é tão difícil...

A senhora aproximou-se de Geórgia, pegou em seus braços carinhosamente, e olhando fundo nos seus olhos, desabafou:

– Maila me ajudou muito... você não faz ideia do quanto. Foi ela, sim, ela quem me salvou do abismo da dor... Quem me fez compreender que eu não podia ficar estacionada na dor... que havia alguém precisando mais de mim do que o meu sentimento...

A senhora voltou o olhar na direção da neta antes de acrescentar:

– Minha neta precisava muito de mim, ainda mais depois da tragédia. Se eu ficasse estacionada na dor não teria tido forças para ajudá-la no momento em que ela mais precisava... E foi isso o que Maila me fez compreender, que eu precisava arregaçar as mangas e puxar toda a força de vontade que havia em meu interior para ajudá-la... Se não fosse por Maila, não sei o que teria sido de mim, tampouco de Vitória. Por isso lhe sou eternamente grata, compreende?

– O que houve exatamente?

– Minha filha e o marido morreram num acidente de carro... Somente a menina sobreviveu. Sendo nós, uma família minúscula, restou apenas eu para cuidar da menina. Por isso que desde então a pequenina mora comigo, tornei-me sua mãe e seu pai ao mesmo tempo. Dois em um, sabe como é...

É difícil sustentar a nós duas com a aposentadoria que ganho, se não fosse a ajuda dos amigos de Maila, nós duas, literalmente passaríamos fome...

A senhora pareceu voltar no tempo e, após breve pausa, comentou:

– Apesar de sua tia ter falecido há tão pouco tempo, para mim é como se ela tivesse *partido* há uma década. Sinto imensa saudade dos encontros em sua casa... A casa sempre cheia... Cheia de vida, cheia de gente bonita por fora e por dentro...

Voltando a olhar para Geórgia, Divina perguntou, quase que num sussurro:

– E eles... têm aparecido?

– Eles... Eles quem?

– Os amigos de Maila – respondeu a mulher baixando ainda mais a voz. – Ela tinha muitos, muitos amigos... você sabe, não?

– Eu não sei muito sobre minha tia, na verdade, não sei quase nada a seu respeito, não nos víamos há mais de trinta anos.

– Compreendo. Mas não se espante se eles, os amigos de Maila aparecerem de surpresa, eles...

A mulher foi interrompida pelo latido agudo de Jeremias. Geórgia voltou-se para o cão e perguntou:

– O que foi Jeremias?

– Ele está com fome – explicou Vitória da janela.

– Então é melhor eu voltar para a casa. Foi um prazer conhecê-la... Dona...

– Divina. O prazer foi todo meu, apareça a qualquer hora para tomar um chá.

– Agradeço muito o convite, mas amanhã mesmo, pela tarde, devo partir.

– Quando voltar, então.

– Creio que nunca mais voltarei a esta cidade, Dona Divina.

– E quanto a casa?

– Vou pô-la à venda.

– Não pode fazer isso.

– Não gosto do litoral.

– Compreendo, ainda assim, algo me diz que você mudará de ideia. Além do mais o cão não vai se acostumar longe daqui.

– Pois é, estou dando o Jeremias, se souber de alguém que queira ficar com ele, por favor, fale-me ou peça para me procurar.

– Mas o cão era o braço direito de sua tia após a morte do seu tio, você não pode se desfazer dele.

– Eu não tenho condições físicas nem psíquicas para ficar com o animal... Bem... deixe-me ir. Adeus, Vitória.

A menina sorriu e acenou com a mãozinha.

Geórgia retribuiu o aceno e seguiu seu caminho com Jeremias à sua sombra. Pelo caminho, se pegou pensando na garotinha, na sua triste realidade e, mais uma vez, se revoltou contra Deus por ter permitido que uma criança tão linda e inocente perdesse os pais de forma tão estúpida, ficando na Terra tão desprotegida.

Assim que Dona Divina achegou-se à neta, Vitória disse:

– Ela é tão bacana, vovó, pena que vai embora.

– Ela não pode ir, Vitória e creio que não irá. Quando souber da verdade, com certeza ela mudará de ideia... Tem de mudar.

A menina olhou para a avó sem muito compreender. A avó tratou logo de explicar:

– A verdade sobre Maila, querida, sobre Maila...

Neste instante, Divina recordou-se da boa e velha amiga Maila. Do seu jeito todo especial e contagiante de ajudar as pessoas, fazendo todos se perguntarem: de onde vem tanta força de vontade, ânimo, disposição, dedicação e compaixão?

67

Só pode ser de Deus, concluíam alguns. A lembrança encheu seu coração de alegria.

Ah! Como ela sentia falta da amiga. Nunca mais as coisas por ali seriam as mesmas se a sobrinha fizesse o que pretendia fazer. Por isso ela tinha de saber da verdade, a verdade por trás de Maila, a verdade que todos combinaram esconder dela, pelo menos até que estivesse pronta para conhecê-la. Só a verdade seria capaz de fazê-la mudar de ideia. Só ela...

Capítulo 4

Geórgia estava acabando de chegar a casa quando Dona Jurema apareceu em frente à dela e foi na sua direção.

– Veja você! – exclamou a mulher na sua alegria de sempre. – O passeio lhe fez muito bem, você está corada, mais cheia de vida.

Geórgia mordiscou os lábios, sem graça.

– Estou preparando também o almoço para você.

– Não precisava se incomodar.

– Incômodo algum.

– Deve haver alguma loja de secos e molhados perto daqui, não?

– Há sim. Eu lhe explico como chegar lá.

– Vou precisar...

Depois de entrar na casa, Geórgia desprendeu a guia da coleira de Jeremias e pôs a refeição para a sua segunda sombra. Até que o almoço ficasse pronto, decidiu ir tirando as roupas da tia do guarda-roupa para que fossem doadas. Só parou quando ouviu Dona Jurema chamando por ela:

– O almoço está na mesa!

Geórgia desceu e foi para a casa da mulher almoçar. Havia tempos que um almoço não lhe caía tão bem no estômago como agora. Estava tudo tão bom que Geórgia fez questão de repetir:

69

– A senhora tem uma mão divina para cozinha. Parabéns.

– Muito obrigada, minha querida. Obrigada mesmo.

O elogio fez a senhora recordar-se de algo vivido anos atrás.

– Sabe, filha, se você tivesse me elogiado há alguns anos atrás eu não teria aceitado o elogio nem apreciado como fiz agora. Não sei por que, eu tinha uma dificuldade imensa para receber elogios, dizem que a maioria tem, pois bem, foi Maila quem me ensinou a recebê-los de bom grado. Explicou-me que o elogio levanta a nossa autoestima o que faz maravilhas para o nosso equilíbrio físico e mental. Aceitá-lo é um grande passo para a nossa evolução pessoal e espiritual.

Geórgia apreciou intimamente aquelas palavras e, segundos depois, confessou:

– A senhora fala de minha tia com tanto carinho, diz coisas tão bonitas sobre ela que sinto pena por não tê-la conhecido mais intimamente.

– Nunca é tarde na vida – completou a mulher. – Outra realidade que Maila nos fez compreender.

E depois de um suspiro, a senhora acrescentou:

– Agora a sobremesa.

Geórgia que nunca fora muito fã de doce, acabou provando um bocadinho da torta de amoras.

– E então, gostou?

Geórgia riu.

– Se gostei? Adorei. Obrigada por ter-me forçado a prová-la, caso contrário teria...

Ela gentilmente terminou a frase por ela:

– ...deixado de provar tamanha gostosura. É nesta hora que percebemos que se não nos forçarmos a experimentar as coisas, deixaremos de conhecer as delícias e gostosuras que elas podem nos oferecer.

Geórgia sorriu como quem diz "é verdade".

Ao voltar para a casa, Geórgia, sentiu o corpo mole, com uma vontade imensa de se deitar um pouco. Fazer uma sesta. Mas, imediatamente, repreendeu-se por aquilo. Ainda era da opinião que sesta era somente para os desocupados. Triste engano! No entanto, a moleza falou mais alto e, ela acabou decidindo deitar só um pouquinho no sofá, nada mais do que cinco minutos seria o suficiente para recuperar o vigor.

Os cinco minutos tornaram-se cinquenta minutos, Geórgia dormiu como um bebê. Logicamente que com seu amigo sombra ao seu lado, esparramado sobre o tapete, rente ao sofá.

Quando acordou, Geórgia mal conseguia acreditar que havia cochilado por tanto tempo, novamente sentiu aquela vontade imensa de saborear um cafezinho coado na hora e foi o que fez a seguir. Depois de saboreá-lo com calma, passeando seus olhos ora pela copas das árvores do jardim ora pela imensidão do céu, Geórgia voltou para o quarto da tia para separar suas roupas.

Visto que pretendera apenas ficar um dia naquela cidade, não havia levado roupas para fazer trocas, agora, que teria de passar mais um dia ali, seria preciso procurar por uma da tia que lhe servisse e foi o que fez.

Em meio a sua busca, encontrou uma rede dobrada, toda rendada, linda de se ver. A descoberta a fez recuar no tempo, voltar mais uma vez a sua época de menina quando amava balançar-se numa. Lembrou-se também do aborrecimento que era ter de dividir a rede com os primos. Uma vez de cada, dizia sua mãe. Como aquilo era chato. Ela não queria dividir a rede com mais ninguém, queria balançar-se à vontade, pelo tempo que quisesse, sem interrupções.

Geórgia riu de suas lembranças, Jeremias olhou para ela de forma curiosa ao vê-la sorrindo.

– Quer saber de uma coisa, Jeremias? Se há uma rede, deve haver onde dependurá-la. Vou balançar-me um pouco, como nos velhos tempos.

Não demorou para localizar os ganchos que procurava. Ficavam na sacada em volta da sala da casa. O melhor lugar, na sua opinião, para posicionar a rede.

Depois de pendurada, aconchegou-se dentro dela e ia de lá para cá, um balanço que a fez relaxar e se perder do tempo e espaço em que se encontrava. Voltou ao passado, quando era menina e se realizava toda vez que podia se divertir na rede da casa da avó, sozinha, sem ninguém interrompê-la.

Como aquilo era bom, como a infância era boa, a casa da avó, o cheiro do pão sendo assado no velho fogão a lenha. Tudo aquilo a enchia de alegria e paz.

Um pensamento, então, atravessou seu cérebro de ponta a ponta: ah, quão perfeita seria a vida se pudéssemos congelar o tempo na época que mais apreciamos e manter ao nosso lado, para sempre, quem tanto amamos.

Seus olhos se encheram d´água pela alegria da lembrança e pela saudade. A tristeza dentro dela voltou a incomodá-la como uma forte dor da qual se quer ver livre mas os remédios não podem aliviá-la. Geórgia estava prestes a ser tragada novamente pelo mar morto da depressão quando algo nas proximidades se mexeu, despertando sua atenção. Eram as copas das árvores que cercavam o jardim, agitadas pela brisa.

A impressão que tinha era de que elas haviam-se balançado de propósito, para chamar mesmo sua atenção, impedir que se deixasse levar pela tristeza mais uma vez. Era como se soubessem o que se passava dentro dela e quisessem tirar seu foco da tristeza.

O pensamento a fez corar e rir de si mesma.

Onde já se viu pensar que a brisa ou a copa das árvores sabiam o que se passava dentro dela e se agitaram para evitar que caísse novamente em depressão? Aquilo era sinal de que ela já não estava mais concatenando bem as ideias.

Voltando a olhar para as copas das árvores, Geórgia percebeu que nunca havia parado para observá-las a fundo como fazia agora. Deus Pai, elas eram lindas... perfeitas, encantadoras... Era surpreendente que aquilo fora feito pelas mãos da natureza e com tanta perfeição. Será que as pessoas paravam alguma vez na vida para admirar tamanha beleza e perfeição? Poucos, com certeza poucos se permitiam contemplar tamanha maravilha.

Agora, só agora ela percebia o quão benditas eram as copas das árvores, pois delas vinham as deliciosas sombras que tanto apreciamos no verão. Delas nascem os frutos que nos alimentam, delas brotam o verde que deixa a paisagem mais bonita, um encanto para os olhos.

Foram as flores, a seguir, que prenderam a atenção de Geórgia. Principalmente aquelas que nasciam e se misturavam à trepadeira que cobrira o muro que cercava a casa da tia. Depois foi a vez de admirar as roseiras que reinavam majestosamente por entre todo aquele verde.

– Se eu não tivesse me deitado nesta rede, nesta sacada eu não teria contemplado as flores que ficam no topo das árvores – comentou Geórgia em voz alta. – Coitadas, são menos apreciadas pelas pessoas por ficarem na parte superior das árvores.

Ela se espantou ao se ver sentindo pena das flores, afinal, o que eram flores senão flores, meros seres da natureza?

Meros seres, porém, altamente importantes na vida do homem. De participação grandiosa na vida de cada um. As flores deixam os locais mais lindos de se ver. Seu odor perfuma o ar. Delas são produzidas colônias e perfumes. Colhidas, enfeitam vasos, trazendo um pouco da natureza para dentro da casa. Formam um buquê para um enamorado galanteador presentear sua namorada ou enfeitar as mãos das noivas. Nada, para uma mulher, é mais lindo de se ver e receber do que um buquê de flores trazido por alguém que se ama.

As flores sempre dão um toque a mais, de paz, na vida do ser humano. E, graças a elas, também, é que se pode alegrar um pouco os momentos tristes.

Pela primeira vez, Geórgia estava percebendo o quanto as flores eram importantes para a vida do ser humano. Estaria ela maluca por pensar naquilo, perguntou-se. Mas pouco importava estar ou não, era bom descobrir e contemplar tal realidade.

Um pássaro passou num voo rasante próximo dali e pousou na copa de uma das árvores do imenso jardim, despertando Geórgia de seus pensamentos.

Ao vê-lo beijar as flores que ficavam no alto das copas das árvores foi que ela percebeu que estas flores não ficaram esquecidas como pensou, eram também apreciadas no mesmo nível das que ficavam na parte inferior das copas, só que pelos pássaros. Surpreendente revelação. Fazia com que ela percebesse que nada na natureza era desprivilegiado pelo Criador.

Ao lembrar que até as flores nascem, encantam com sua beleza e perfume e depois morrem; exercem seu papel e depois viram pó... assim como tudo e todos, Geórgia entristeceu novamente, mas foi temporário.

Jeremias aproximou-se da rede e se esparramou no chão junto a ela, despertando-a de seus pensamentos outra vez. Ela, então, ficou admirando a beleza do cão, achando bonito o modo como a brisa agitava-lhe os pelos.

Foi quando ela foi devolver a rede ao seu devido lugar no guarda-roupa que seus olhos se prenderam à caixa de papelão duro que havia ali. Sentiu vontade de ver o que ela guardava, estava prestes a destampá-la quando se lembrou que tinha de ir à venda de secos e molhados comprar alguma coisa para o jantar antes que fechasse. Assim, ela fechou o guarda-roupa e desceu. Meia hora depois seguia na companhia de Dona Jurema rumo à loja, logicamente que com Jeremias à sombra das duas.

Ao voltar, Dona Jurema lembrou Geórgia de sair com Jeremias.

– Já são seis da tarde... Ufa! Como o tempo voa, não? Não se esqueça de dar a voltinha...

– Voltinha?!

– É, doçura. Com o Jeremias. A voltinha dele da tarde.

– Ah, é verdade... Já havia me esquecido.

– Bom, querida... Se precisar de mim para qualquer coisa é só me procurar, você sabe... Tenha uma excelente noite na casa de Maila, agora, sua casa.

– Somente até amanhã, dona Jurema.

– Talvez...

"Talvez", como assim "Talvez"?, indagou-se Geórgia em silêncio, irritada.

Diante de Jeremias e seu rabo balançante tal como uma bandeira, ela falou:

– Vamos lá, amigão. Para o seu passeio da tarde. Quem sabe não encontramos alguém por aí que queira adotá-lo?

E lá foi ela ao lado de sua mais nova sombra. Depois da longa caminhada, Geórgia voltou para a casa com um tremendo apetite. Fez um lanchinho com queijo e presunto, o qual comeu com uma xícara de leite com café. A sobremesa foi um pedaço do bolo de fubá que Dona Jurema havia feito com tanto carinho naquela manhã.

A noite se estendeu para Geórgia com mais uma boa leitura do diário da tia.

Os dias subsequentes à morte de Theodoro me fizeram refletir sobre a morte novamente. No grande impacto que ela causa nas pessoas.

Para muitos que perdem um ente querido, a vida perde a cor. Tudo passa a ser preto e branco e, em certos momentos, nem preto nem branco, incolor. É como se as cores que coloriam e alegravam tudo, houvessem partido com aquele seu alguém especial...

Para muitos não são somente as cores que desaparecem, o sabor dos alimentos, até mesmo da sua comida favorita, some. Até o aroma do café do qual tanto se gosta e nos reanima não nos anima mais.

Até o palhaço que tanto nos faz sorrir, perde a graça. Até a música que tanto soava bem aos nossos ouvidos perde o seu efeito encantador. A comédia torna-se triste... As piadas perdem a graça... Até as boas notícias não soam tão boas como antigamente...

Nem as frases positivas, ditas com tanto carinho por aqueles que nos querem bem, na esperança de elevar o nosso astral surtem mais efeito.

A saudade de quem partiu nos faz ver no espelho o seu reflexo e não o nosso. Até mesmo o rosto das pessoas que cruzam pelo nosso caminho são daquele alguém especial que partiu... Até o jeito de andar deles é dessa pessoa especial que se foi...

As janelas para a vida vão se fechando, depois as portas... Depois são os pássaros que parecem ter abandonado o jardim da nossa casa... Depois as borboletas... Até mesmo as flores parecem para essa pessoa não mais querem brotar ali, não mais florir...

Tem se a impressão de que até os anjos nos abandonaram, até mesmo que Deus nos abandonou nessa hora... Que o sol se apagou, que a lua jamais voltou a brilhar no céu... Que nos resta somente a escuridão como companhia...

É assim que muita gente se sente quando perde alguém especial em sua vida...

E, de repente, não nos importa mais que tudo desapareça, que Deus apague o Sol, as estrelas, que tudo vire um breu.

Que fiquemos fechados num quarto escuro, num universo sem sol, sem nada, em completo silêncio... Exatamente como era no princípio.

É duro mesmo, no início, encarar a perda de quem se gosta tanto... É duro também acreditar que com o tempo tudo volta ao normal... A gente se acostuma... Aceita a ideia, se o tempo vai passando e a impressão que se tem é a de que nada voltará ao normal nunca mais. Que essa história de que um dia nos acostumamos com a ausência e a saudade de quem morreu, é lorota, cascata.

A verdade é que para alguns isso realmente acontece, com o passar do tempo a pessoa supera o acontecido... Para os que não creem só mesmo a providência divina para ajudá-los. Providência divina, sim. Ela existe e eu mesma (Maila) sou a prova disso.

Geórgia deu uma pausa na leitura para refletir.

Providência divina?... O que a tia estaria querendo dizer com aquilo? Geórgia voltou a ler com redobrada atenção.

Os inconformados com a perda de um ente querido precisam saber e compreender que a sua dor não é a única do mundo...

Perceber que ficar preso a esta dor o impede de ajudar aqueles que precisam de você, razão que o fez permanecer na Terra. Por isso é preciso reabrir as portas e janelas da sua alma para a vida, pois a cor, o sabor, o odor, o amor esperam por você para voltar a brilhar ao seu redor bem como pessoas o aguardam com muito amor.

Chorar, sim, pode chorar... derramar-se num pranto feito uma cachoeira, não tem problema, se o choro não fosse necessário para o nosso equilíbrio Deus não o teria criado.

Os inconformados precisam compreender também que se ficaram na Terra, é porque ainda são necessários aqui, necessários para as pessoas que estão ao seu lado... Vale sempre lembrar que nada na vida é em vão, não há nada no planeta que não tenha o porquê de existir e continuar existindo. Tudo segue um curso perfeito de nascimento e renascimento.

O que Geórgia leu a seguir a surpreendeu ainda mais.

Nós nos decepcionamos com a vida, com Deus, ao perder quem tanto amamos para a morte, dentre outras situações... No entanto, um dia, a insensatez faz o homem jogar uma bomba atômica em Hiroshima e muitos outros matarem seus semelhantes em câmaras de gás a sangue frio e, mesmo assim, Deus, ainda que decepcionado com o homem, continua mantendo a Terra no seu curso perfeito em condições viáveis para a sua existência. E age assim, porque se lembra do que poucos se lembram nessas horas: que não pode rotular o homem como mau, há na Terra indivíduos de bom coração, pessoas que querem o bem, pessoas que batalham pelo bem, e é por esses que Deus preserva a vida na Terra. Deus leva em conta também a imperfeição humana e por isso perdoa os insensatos, dá-lhes uma nova chance para se redimirem de seus atos insanos. Não perde a fé em ninguém, pelo contrário, a mantém firme e forte em todos.

Esse é Deus e o que tem Ele, mais uma vez, a nos ensinar com tudo isso é que por pior que seja a nossa decepção não devemos nos entregar a ela não. Jamais desistir de tudo por ela. Julgar todos iguais. Rotular o mundo de imprestável e que a vida não vale a pena. Devemos manter a fé na vida e no ser humano, como faz Deus o Bem eterno.

Depois de mais algumas linhas, Geórgia foi dormir acompanhada de seu mais novo amigo.

Capítulo 5

O terceiro dia de Geórgia na pequena cidade do litoral amanheceu com um céu azul e uma calmaria de outono se espalhando pelo ar. Depois do café da manhã, Geórgia voltou-se para a sua segunda sombra e disse:

– Bem, meu caro, Jeremias... Lá vamos nós outra vez, para o seu tão aguardado passeio.

Quando os dois chegaram à praia, Geórgia avistou algumas pessoas se banhando no mar. Dessa vez não foi Jeremias que a forçou a caminhar rente à água, mas ela mesma, uma força dentro dela.

De repente, algo no mar despertou sua atenção. Alguém estava erguendo os braços, parecia estar se afogando. Jeremias latiu afoito. Geórgia berrou por socorro. Fez um estardalhaço com os braços. Jogou as sandálias e entrou mar adentro. Mas de que adiantaria prosseguir, não sabia nadar, sendo assim não salvaria ninguém, morreriam os dois afogados, percebeu.

De repente, um rapaz passou por ela numa velocidade mercuriana e mergulhou mar adentro, em segundos chegou até a pessoa que estava se afogando e a arrastou para a praia. Tratava-se de um adolescente, por volta dos dezesseis, dezessete anos de idade. A seguir, fez respiração boca aboca.

Geórgia, sem se dar conta, chorava de nervoso e seu coração batia acelerado.

Aquele que salvara o adolescente pôs as duas mãos no peito do rapazinho, pressionando-o devidamente até que ele reagiu e vomitou a água engolida. Geórgia agradeceu aos céus, naquele instante, por ver o jovem se recuperando. Nisso, outros rapazes saíram do mar e correram para lá, eram amigos e haviam se distanciado do colega que por pouco não se afogara.

– E aí, cara? – perguntou um deles.

– Ele vai ficar bom – respondeu aquele que salvara o adolescente.

– Valeu, meu – agradeceu o rapaz que por pouco não se afogara.

– É sempre bom nadar em grupo para evitar esse tipo de problema – aconselhou o "salva-vidas".

E pegando firme no ombro do adolescente, reforçou a pergunta:

– Tem certeza de que está bem?

O adolescente afirmou positivamente que sim com a cabeça, tornou a agradecer-lhe e partiu com os amigos.

– Que perigo! – murmurou Geórgia, apertando fortemente a mão contra o seu maxilar.

– O mar é lindo, mas temos de saber lidar com ele, compreender nossas limitações dentro dele... – observou o "salva-vidas".

– Que perigo, se não fosse você, aquele garoto teria perdido a vida.

– Se não fosse a senhora – corrigiu o rapaz, gentilmente.

– Se não fosse eu, como assim?!

– Eu só olhei para cá porque a senhora estava agitando desesperadamente os braços, caso contrário, não teria notado o rapaz se afogando.

– É mesmo?

– Sim. Aquele jovem deve na verdade, sua vida à senhora.

– A nós – retificou Geórgia. – De nada adiantaria eu agitar meus braços no ar se você não o tivesse tirado de dentro do mar. Eu jamais poderia, não sei nadar...

O rapaz sorriu. Geórgia então o observou mais atentamente. Era um jovem de feição extremamente bonita e angelical. De corpo dourado por causa do sol. Seus dentes eram de uma perfeição sem igual, brancos como neve, deixando o seu sorriso, simplesmente, encantador. Deveria ter, no mínimo, uns 20, 22 anos de idade, nada além.

– Bonito cão, como se chama? – perguntou o "salva-vidas" a seguir.

– Jeremias.

– Jeremias?! – o rapaz ajoelhou-se rente ao animal e começou a afagar-lhe os pelos carinhosamente. – Olá, Jeremias... Você é muito bonito, sabia?

Em seguida, abraçou o labrador, deixando Jeremias se derreter entre seus braços. Voltando-se para Geórgia, o rapaz perguntou:

– E a senhora como se chama?

– Geórgia.

– Geórgia?

– Sim.

– É um nome bonito. O meu é Ângelo, muito prazer...

O jovem estendeu a mão direita até Geórgia e a cumprimentou.

– Muito prazer – disse ela. – É salva-vidas?

– Não. Estava só fazendo minha corrida diária.

– Nossa! Pensei que fosse...

– Há salva-vidas por aqui com certeza, mas eles só aparecem durante a alta temporada.

– Que sorte desse rapaz. Se não fôssemos nós...

– É...

Ângelo deixou transparecer novamente em seu rosto seu sorriso bonito. Depois ficou estudando com atenção o rosto de Geórgia. Seu olhar atento a deixou encabulada. Por fim, ele disse:

– A senhora me lembra alguém...

– Mesmo?

– Sim. Mas não sei precisar quem...

Dessa vez foi Geórgia quem deixou que um sorriso bonito iluminasse o seu rosto. Em seguida, perguntou:

– Você mora aqui na cidade ou só está a passeio?

– Moro aqui. Mudei-me para cá com meu pai há alguns meses. Adoro praia, mas não para morar, no entanto, estou tentando me acostumar.

– Por que, então, se mudou para cá?

– Por causa do meu pai. Foi o único modo que encontrei para ajudá-lo a se curar da bebida. Tenho a esperança de que tudo isso aqui, toda essa beleza e paz façam-no aprender a afogar suas mágoas, ressentimentos, inseguranças, em algo mais saudável e proveitoso do que a bebida.

– Vou torcer por seu pai, para que ele se livre desse vício... – havia mais do que sinceridade na voz de Geórgia agora, havia admiração. Uma tremenda admiração por Ângelo. Nunca, em toda a sua vida, ela pensou que existiria um filho capaz de sacrificar sua vida para ajudar o pai a vencer o alcoolismo.

Ali, bem a sua frente, estava um bom exemplo de pessoa que é bonita por fora e por dentro ao mesmo tempo. Algo muito raro de se encontrar... A maioria dos homens e mulheres bonitos fisicamente que Geórgia conhecera ao longo da vida

83

eram interiormente completamente às avessas de sua beleza exterior. Tinham uma índole péssima e um caráter duvidoso.

Nem foi preciso perguntar, estava mais do que óbvio que a mãe de Ângelo ou falecera ou se divorciara do marido.

– E você? – perguntou Ângelo a seguir. – É daqui? Parece-me mais que está a passeio, acertei?

– De certo modo, sim – respondeu Geórgia e a seguir resumiu sua história.

– Sua tia deveria querer-lhe muito bem para lhe deixar essa casa de herança, não?

Geórgia riu, de leve, antes de responder:

– É isso que é o mais estranho em toda essa história, Ângelo. Não via minha tia há mais de trinta anos. A última vez em que nos vimos eu havia acabado de sair da adolescência, nunca fomos íntimas, tampouco mantivemos contato durante todos esses anos de afastamento. Para lhe falar a verdade eu mal me lembrava dela.

O rapaz refletiu por instantes antes de opinar:

– Por que não fica com a casa para passar os fins de semana, feriados e férias? A casa vai lhe fazer muito bem, eu sinto isso.

Ângelo percebeu de imediato que sua sugestão não agradou Geórgia, nos segundos seguintes ela pareceu entristecer e procurou com grande esforço esconder seu entristecimento.

– O que houve, falei algo que não devia? – perguntou o rapaz um tanto sem graça.

Com voz entrecortada, Geórgia contou ao jovem o quanto sua vida vinha sendo sofrida depois de ter perdido aquele seu alguém tão especial em sua vida. Quando terminou, seu rosto estava todo riscado de lágrimas. Ângelo afagou-lhe o ombro carinhosamente e, com doçura na voz, falou:

– Eu sinto muito, Geórgia. Sinto realmente. Perder alguém que se ama não é fácil. Só nos resta, depois disso tudo, sermos fortes, não acha?

– Eu sei, mas não vejo motivos mais para ser forte. Já vivi um bocado, para que viver mais?

– Para poder estar aqui bem na hora em que aquele jovem estava prestes a se afogar e salvar sua vida.

A resposta de Ângelo soou com tanta naturalidade que surpreendeu Geórgia.

– Você é sempre assim? – perguntou ela, olhando para o rapaz ainda com mais admiração. – Procura ver o bem acima do mal?

A resposta dele foi novamente surpreendente:

– Esforço-me para isso. Às vezes, não é fácil, mas insisto. É o único modo de não nos perdermos do equilíbrio e da paz interior. Sabe, Geórgia minha mudança para cá me fez sacrificar o meu namoro. Eu e minha namorada não podemos mais nos ver diariamente como fazíamos, como se fosse um ato sagrado. Nos vemos agora, somente a cada duas semanas, isso quando meu pai não está em crise. Pois quando está, não posso deixá-lo sozinho. Ela até que poderia vir me visitar nesse caso, facilitaria as coisas, mas seus pais não permitem.

Geórgia estava perplexa com a revelação.

– Quer dizer que você sacrificou o seu namoro por causa de seu pai? É... – Geórgia procurava as palavras certas para expressar seus sentimentos, mas não as encontrou. Por fim, disse apenas:

– Vemos pais fazerem isso pelos filhos, mas raramente filhos fazerem isso pelos pais.

– Eu amo, meu pai, Geórgia. Amo-o profundamente apesar de todo mal que ele insiste em causar a si próprio e para quem vive ao lado dele e o ama. Sei que ele precisa de mim. Sei também que ele só pode contar comigo, por isso não reclamo, aceito de bom grado fazer tudo o que faço. Foi ele quem me permitiu viver, quem cuidou de mim quando eu era criança, agora é mais do que justo que eu retribua tudo o que fez por mim no passado. Além do mais ele é o meu melhor amigo e amigo é para essas coisas.

– Jovens na sua idade têm outra mentalidade, outros interesses...

– Eu sei. Eu também gosto de curtir minha juventude, namorar, farrear com os amigos, quem não gosta? Mas aprendi a encontrar tempo para fazer tudo isso e ainda cuidar do meu pai. O meu maior prazer na vida é ter meu pai ao meu lado e se para isso for preciso que eu abra mão de certas coisas, ao menos até que ele fique bom, se recupere, aprenda a lidar com o alcoolismo, eu abro, na boa.

Eu poderia ignorá-lo, desprezá-lo por ser um alcoólatra, poderia pensar só em mim, nos meus interesses, mas que caráter tem um ser humano que só pensa nos seus interesses? Nenhum, a meu ver. Ainda mais se despreza os pais.

– E se seu pai nunca conseguir se livrar do alcoolismo?

– Ouço desde criança que nós nunca devemos perder a fé e a esperança, por isso me apego a elas como ninguém. Por falar em fé e esperança, você já percebeu que ambas são sinônimos de otimismo? Ter fé significa contar com Deus, que Ele há de ajudar você a resolver um problema. Ter esperança é a mesma coisa, é crer que seus problemas hão de se resolver. Ter otimismo também é contar que seus problemas serão resolvidos.

– Ângelo, você vale ouro!

O rapaz de corpo dourado abaixou-se novamente até Jeremias e o acariciou. Aproveitando o ensejo, Geórgia falou:

– Preciso de alguém para ficar com ele. Se eu souber de alguém...

– Tem certeza de que quer dá-lo? Um cão faz maravilhas por nós. Fique mais um pouco com ele e descobrirá essas maravilhas. Elas terão um impacto tão forte em você que você nunca mais vai querer se separar de um cão.

– Não posso ficar com ele, minha casa não comporta um cão desse tamanho.

Subitamente o olhar de Geórgia e de Jeremias se encontraram. Foi como se ele mais uma vez houvesse entendido o que ela falou. Soubesse da sua intenção de abandoná-lo e temesse por seu destino. Aquele olhar bonito e meigo deixou Geórgia de coração apertado e com um nó na garganta. Jamais se compadecera por um animal, no entanto, agora... Mas ela haveria de encontrar um *lar doce lar* para Jeremias, um tão bom que ele haveria de lhe agradecer eternamente.

– Se eu souber de alguém que queira ficar com esse lindão, eu lhe falo – comentou Ângelo. – Se bem que ainda acho que você vai mudar de ideia. Eu ficaria com ele de imediato, mas meu pai não suporta cachorro. Infelizmente... Um seria de extrema ajuda no seu processo de cura do alcoolismo.

– Bem, deixe-me ir. Prazer em conhecê-lo, Ângelo.

– O prazer foi todo meu. Caso precise de mim, moro ali, ó, bem no centro, próximo à pracinha onde tem feira, é só perguntar por Ângelo que todo mundo me conhece.

Geórgia assentiu com o olhar. O rapaz tornou a sorrir afetuosamente e partiu. Geórgia ficou ali, parada, por alguns segundos, admirando o belo jovem que apelidara de salva-vidas.

Não muito longe, Ângelo voltou-se para trás, na sua direção e acenou para ela. Ela retribuiu o aceno sorrindo e só então seguiu caminho de volta para a casa com sua segunda sombra ao lado.

Voltou pensando no salvamento do rapaz que por pouco não se afogara e na bravura de Ângelo em todos os sentidos. Só despertou de seus pensamentos quando avistou Vitória sentada, como no dia anterior, rente à janela que ficava em frente a humilde casa onde vivia. Ela parou e trocou algumas palavras com a menina que parecia ansiosa para falar com alguém.

Retomando o caminho da casa, não levou muito tempo para que Geórgia avistasse o senhor de cor negra, rosto sério, rijo, parado no seu lugar de sempre, na varanda, olhando na sua direção com ares de interrogação.

Ela mais uma vez sorriu para ele e acenou. E mais uma vez tudo o que recebeu em troca foi *nada*. Por algum motivo aquilo a incomodou, profundamente. Era inaceitável para ela uma pessoa ser simpática e polida com a outra e essa outra ignorar sua polidez.

A manhã se estendeu com Geórgia separando as roupas da tia para doar e uma para ela usar após o banho daquele dia. Ainda bem que podia contar com aquelas peças, caso contrário teria tido dificuldades para se vestir. Por sorte, no dia seguinte, àquela hora tudo já estaria resolvido entre ela e o advogado e ela, então, poderia partir de volta para sua casa, lugar de onde nunca queria ter saído.

O almoço foi mais uma vez na agradável companhia de dona Jurema. Onde teve a oportunidade de contar sobre o salvamento do adolescente e o encontro com Ângelo. A mulher chegou a se emocionar com a história.

Depois da refeição, para relaxar um pouco, Geórgia decidiu deitar-se no sofá onde acabou dormindo, para sua total surpresa, até às quatro da tarde. Algo inédito, pois nunca se permitira fazer aquilo por acreditar que sesta era só para os desocupados. Depois de um bom gole de café, coado na hora, ela voltou-se para o amigo *sombra* e disse:

– Já sei... já sei... Está na hora do seu passeio vespertino, não é? Por isso me olha com essa cara de piedade... Então, vamos.

E lá foram os dois. Quando na praia, Geórgia avistou uma pipa flutuando no céu. Era feita de papel *bandeirinha* vermelho e laranja o que a fazia se destacar lindamente naquele céu azul bonito de outono.

Pela primeira vez, Geórgia se deu conta de que uma simples pipa era capaz de dar um toque a mais no céu azul. Mais fantástico ainda era observar que o fio de nylon que empinava a pipa, de longe, tornava-se invisível para os olhos humanos. Invisível como inúmeros fios que conectam as coisas da vida... Ninguém os vê, mas estão lá, possibilitando a existência de tudo. Aquilo era algo para se refletir, concluiu Geórgia.

Na volta para casa, ela percebeu que o morro rente à cidade estava começando a ficar coberto de nuvens. Lembrou-se, então, do que a menina Vitória havia lhe contado: "Quando o morro estiver coberto de nuvens é sinal de que o dia seguinte amanhecerá chovendo...".

Pois bem, pensou Geórgia, o dia seguinte lhe revelaria se aquilo era mesmo verdade. Ao chegar na casa, encontrou Dona Jurema aguardando por ela.

– Enquanto você estava passeando com o cão – a mulher foi logo dizendo –, um rapaz a mando do escritório do Dr. Fernando passou por aqui para lhe dar um recado, como você não estava, deixou-o comigo.

– Ah, que bom! O que foi que ele disse?

– Disse que o advogado não poderá atendê-la hoje como acreditou que seria possível, pois ainda se encontra fora da cidade por motivos de força maior. Pede-lhe, encarecidamente, inúmeras desculpas, mas assim que chegar...

Geórgia interrompeu a senhorinha:

– Mas deve ter alguém que possa substituí-lo, não?

– Fiz-lhe a mesma pergunta, achei que faria, mas segundo consta, não há.

– Que pena... Pelo visto terei de ficar por aqui por mais um dia... É, imprevistos sempre acontecem, não sei como ainda não me acostumei com eles...

E voltando-se para Dona Jurema, Geórgia completou:

– Vou precisar de um pouco mais de comida para o Jeremias...

A mulher se adiantou:

– Eu já preparei. Estou preparando também o jantar para você.

– Não precisa se incomodar, Dona Jurema...

– Incômodo algum.

À noite, mais uma vez, Geórgia leu mais alguns trechos do diário da tia. Jeremias, seu fiel escudeiro, como sempre, manteve-se ao seu lado.

Lembrei-me hoje de quando adoeci e precisei ficar acamada por diversos dias trancafiada em meu quarto, em silêncio, porque a cabeça latejava de dor, e no escuro total porque a claridade incomodava a minha vista. Foi uma experiência interessante, pois por meio dela pude vislumbrar o que fez Deus, na minha mais humilde opinião, criar o Universo e tudo e todos que há nele.

A existência de Deus no princípio dos princípios era tal e qual a vida que eu estava levando acamada dentro daquele quarto escuro e silencioso, ansiando melhorar para poder voltar a minha vida de antes, uma vida cheia de luz e de cor, cheia de vida!...

Foi por ser escuro, penso eu, que Deus iluminou o universo em que vivia. Criou sóis e mais sóis porque era triste demais viver na escuridão. A luz deu uma nova visão ao próprio Deus. E isso o fez feliz, tão feliz que O fez criar as estrelas para que os sóis as fizessem brilhar e, assim, enfeitassem o breu, deixando-o assim menos breu. Com isso, Deus criou um céu com uma vista fascinante de qualquer lugar do cosmos.

Ao perceber que o universo escuro e vazio tornara-se ainda mais bonito e cheio de vida com essas criações, Deus decidiu criar mais e, assim, fez os planetas que deram origem aos sistemas solares e galáxias espalhadas pelo cosmos.

Então, penso que Deus se perguntou: para que tudo isso se não para dividir com alguém? Assim compartilhou conosco. Criou cada um de nós e as reencarnações para que pudéssemos ter a oportunidade, tempo e espaço para apreciar toda a sua criação, visto que uma vida só não nos permitiria presenciar tamanha grandeza.

Com a nossa criação, o silêncio em que Deus vivia foi rompido. Ficar em silêncio é bom, mas sempre, enjoa...

A seguir, o Todo Poderoso criou todas as descobertas para gerar enredos na nossa vida, porque enredos nos alegram bem como alegram a Deus... Surgiu a música, a poesia, a arte, a alegria... E tudo isso fez uma grande diferença na existência do Criador.

Suas grandiosas criações podem ser encaradas como salva-vidas de Deus, pois direta ou indiretamente O salvaram da escuridão tão triste e solitária.

Geórgia tomou um minuto para refletir antes de prosseguir na leitura.

Muitos ainda não acreditam em Deus porque Sua existência não pode ser provada cientificamente. Mas não percebem que a Ciência também não pode provar que Ele não existe.

Vemos uma pipa no céu, mas não vemos o fio que a empina. Todavia ele está lá, fazendo-a flutuar e ganhar altura. Deus é como esse fio, não podemos Vê-lo, mas está no Universo mantendo a vida acontecendo. Está também sempre ao nosso lado, nos amparando e nos ajudando só que invisível aos nossos olhos. Tal como o fio que sustenta a pipa no ar...

– Pipa?... – murmurou Geórgia lembrando-se da pipa vermelha e laranja que admirara no céu aquela tarde... Que coincidência ela ter visto uma e ler naquele dia o trecho do diário da tia em que ela falava de pipa. Sorrindo ela voltou a se concentrar na leitura:

Vemos o sol e a lua, mas não vemos os planetas que compõem o sistema solar. Todavia não é porque não os vemos que eles não existem, estão lá, gravitando numa orbita perfeita ao redor do sol. O mesmo em relação a Deus...

Descobriu-se que há muitas outras galáxias, não é porque não as vemos que elas não existem, da mesma forma que há bilhões e bilhões de estrelas, não enxergamos todas, mas estão lá, espalhadas pelo cosmos... Como afirmar então que algo não existe sem antes se perguntar e levar em conta o fato de que são nossos olhos que não podem ver? É preciso abrir a mente para perceber que a vida vai muito além do que enxergam nossos olhos...

Sim, Deus existe, mas para nós, ao menos por hora, é invisível. E é assim por motivos que só Ele próprio conhece. Da mesma forma que nos ampara e nos ajuda na medida certa, sem nos mimar, para que possamos aprender o que é preciso aprender para elevar a nossa alma. Deus é como um professor que ama seus alunos, mas não os deixa colar na prova porque sabe que se permitir, eles estagnarão, não obterão o melhor de si mesmos, tampouco conhecerão e desenvolverão suas potencialidades intelectuais.

Geórgia deu nova pausa na leitura para refletir. A tia poderia estar gagá no final da vida, antes, porém, não, caso contrário não teria escrito aquilo fazendo tão belo uso das palavras. Que tivera uma fé inabalável em Deus, sem dúvida, quisera ela ter igual, quem sabe assim, sofreria menos.

O trecho que não conseguia sair de seu pensamento era: "Então, penso que Deus se perguntou: para que tudo isso se não para dividir com alguém? Então compartilhou conosco. Criou cada um de nós e as reencarnações para que pudéssemos ter a oportunidade, tempo e espaço para apreciar toda a sua criação, visto que uma vida só não nos permitiria presenciar tamanha grandeza."

Acreditaria mesmo a tia naquilo? Se sim, como podia acreditar se nunca um morto havia voltado para dizer a um de seus familiares que continuava vivo num lugar além da morte ou afirmar, comprovadamente, que fora tal pessoa numa vida passada?

Não, para Geórgia nada existia além da matéria, do que os olhos podem ver, porque se existissem de fato haveriam fatos para comprovar. Por outro lado seria bom que existisse para que os entes queridos pudessem se reencontrar e matar a saudade uns dos outros.

Geórgia dormiu, aquela noite mais uma vez, sem perceber que se esquecera de tomar sonífero e seus calmantes. Jeremias, como sempre, dormiu debaixo da sua cama.

Capítulo 6

Manhã do quarto dia...

O dia seguinte, como o morro previu, amanheceu chovendo e a chuva se estendeu por toda manhã. Jeremias com pontualidade britânica chegou em Geórgia para lembrá-la da hora de fazer seu passeio. Como quem explica para uma criança, Geórgia disse:

– Eu sinto muito, amigão, mas enquanto essa chuva não parar, nós não poderemos sair para dar a sua volta.

Jeremias voltou o olhar para a chuva, depois para ela, novamente para a chuva e mais uma vez para ela, por fim dirigiu-se até sua tigela de comida e papou.

Talvez tivesse ido até ela simplesmente para ganhar um agrado ou um cafuné, pensou Geórgia. O animal tinha visão, via a chuva cair, já deveria compreender que em dias de chuva não era possível fazer o seu passeio... Minutos depois, Geórgia desabafou com o cão:

– Estamos nós dois, amigão, presos nesta casa e pelo visto por mais um dia. Duvido que o advogado apareça por aqui num dia chuvoso como este.

Meia hora depois, a chuva apertou e o vento começou a zunir. Por algum tempo Geórgia permaneceu sentada ali, olhando as árvores que balançavam com o vento em meio a forte chuva cerrada.

Percebeu então que só havia duas atitudes a serem tomadas diante daquela situação: aborrecer-se profundamente por aquilo ou aproveitar o dia de uma outra forma. Sim, para todas as situações que a vida nos apresenta há sempre duas ou mais opções para reagirmos diante delas.

– Bem, meu caro Jeremias, o que fazemos agora? – perguntou Geórgia pensativa.

Leitura e chuva combinam, lembrou-se ela. O melhor a se fazer era mergulhar num bom livro, ou num dos diários da tia que eram tão bons quanto um livro. E foi o que Geórgia fez a seguir, subiu, acompanhada de sua sombra inseparável até a sala, aconchegou-se no sofá com o diário de Maila e retomou sua leitura.

Entre uma página e outra, fazia um cafuné na cabeça de Jeremias que recebia o agrado com muito carinho, voltava os olhos para ela, como quem diz: "obrigado pelo carinho, obrigado por sua companhia".

– Sua companhia também é muito agradável, Jeremias – acabou confessando Geórgia, minutos depois.

Quando a chuva engrossou, o som dela caindo pesada lá fora lembrava batatinhas sendo fritas numa frigideira cheia de óleo. Batata frita, hum, murmurou Geórgia, boa pedida para o jantar. Se tiver batatas...

Fechou o livro e se concentrou na chuva, caindo pesada lá fora. Só então percebeu que jamais havia parado para observá-la atentamente.

Ela, como a maioria das pessoas, jamais parava para contemplar sua grandeza. Assim que começava a cair, fecham as janelas, as portas e se entretêm com alguma coisa. Com isso não podem experimentar a sensação de paz que só a chuva nos transmite quando paramos para vê-la caindo, molhando tudo, refrescando e matando a sede das plantas e de toda a vegetação. Limpando o ar e o purificando...

Apesar de causar enchentes, a chuva é fundamental para a vida humana. Uma bênção para a plantação. Uma benção para nós, uma fonte divina da natureza, percebia ela naquele momento.

Se ela não tivesse ficado presa naquela casa, jamais teria descoberto tal fato. Parecia até que a vida havia conspirado para prendê-la ali para que pudesse vislumbrar tal maravilha.

Poetas e compositores haviam parado para admirar a chuva, tal como ela fazia agora, por isso puderam escrever poemas e letras de canções que falavam tão primorosamente da beleza e da importância dela para o planeta e para todo o ser vivo, e até mesmo para o amor.

Um pássaro passou voando raso rente à sacada, tomando chuva à vontade sem se deixar perturbar com ela.

Queria ela fazer o mesmo, tomar chuva à vontade, na verdade, sempre quisera fazer aquilo, mas a mãe sempre a preveniu: "tomar chuva faz mal, menina!". Mal? Como assim se tanta gente tomava chuva e não passava mal?

Subitamente, Geórgia sentiu despertar dentro dela uma vontade louca de se permitir viver tal experiência. Sem mais se ater aos seus pensamentos, desceu para o jardim e entrou no meio da chuva, abrindo os braços como se quisesse abraçá-la, apertá-la, até mesmo beijá-la.

Jeremias olhava a cena com espanto. Vez ou outra, latindo e abanando o rabo de empolgação.

Geórgia brincou na chuva até se cansar. Depois rompeu-se numa gargalhada gostosa, despretensiosa e feliz.

Se aquilo era sinal de que ela havia perdido o juízo, tudo bem, antes sem juízo, mas alegre como há muito não se sentia do que ajuizada e infeliz.

Voltando os olhos para o céu Geórgia lembrou-se do que ouvira alguém lhe dizer certa vez: "Você precisa reagir, os mortos não ficam bem, enquanto veem seus entes queridos sofrendo. Por isso você precisa reagir, superar essa perda, seguir em frente, para realizar a missão de vida que Deus lhe deu"

De repente, seus olhos lacrimejaram, mas não eram mais lágrimas de tristeza e sim, de alegria, libertação, lágrimas que se misturavam aos pingos abençoados da chuva.

Assim que terminou de brincar, Geórgia correu para tomar um banho morno. O qual fez maravilhas para o seu físico e mente. Há muito que ela não se deliciava com um banho tão agradável como aquele.

Minutos depois, quando a chuva deu uma trégua, Geórgia pôs a coleira em Jeremias e saiu na sua companhia para dar sua volta habitual.

O senhor da raça negra, o senhor que Geórgia, intimamente, havia apelidado de "ranzinza", estava mais uma vez sentado em frente a sua casa e, assim que ela passou por ali, ele olhou na sua direção com o seu semblante sério e incógnito.

Geórgia sorriu e acenou mais uma vez para ele, dessa vez, porém, sem esperar nada em troca. Ainda bem, porque ele mais uma vez não retribuiu o seu gesto.

Bem diferente da pequena Vitória que assim que a viu sorrindo, retribuiu o sorriso e acenou alegremente para ela.

Geórgia parou em frente ao portão da casa da menina e perguntou:

– Cadê sua avó, Vitória?

– Vovó? Está aqui.

Nem bem a menina falou, a porta da frente da casa se abriu e a simpática velhinha saiu.

– Olá, querida, como vai?

– Bem e a senhora?

– Bem também. Ainda mais depois dessa chuvinha gostosa.

Geórgia apreciou o comentário. Depois, perguntou:

– Estou indo à praia dar uma volta com o Jeremias. A senhora se importa se eu levar a Vitória comigo? Prometo não tirar os olhos dela.

A senhora ficou visivelmente surpresa com o pedido de Geórgia.

– Passear na praia! – exclamou. – Tenho a certeza de que Vitória vai adorar. Infelizmente não tenho mais condições físicas para fazer esses passeios com ela. Espere um minuto, por favor, que vou arrumá-la. Volto já!

Voltando-se para o cão, Geórgia falou:

– Hoje teremos uma amiguinha para passear conosco, Jeremias. O que acha? Divertido, não?

O cão latiu e abanou o rabo mais uma vez, como se houvesse compreendido suas palavras.

Geórgia sabia muito bem o quanto a vida pregava surpresas, mas jamais pensou que haveria de viver mais uma como a que viveu a seguir. Dona Divina saiu da casa, empurrando uma cadeira de rodas e sobre ela a pequena Vitória. Seu espanto foi notável. Antes mesmo que a pergunta chegasse a sua boca, a avó da menina explicou:

– Ela não pôde mais andar depois do acidente.

Geórgia segurou-se fortemente para não se romper em lágrimas na frente da menina.

– Eu... eu... – tentava ela dizer alguma coisa, mas as palavras não tinham força suficiente para serem articuladas.

99

Agora ela compreendia o porquê da menina ficar o tempo todo em frente à janela, olhando para a rua, divertindo-se com quem passava por ali. Não tinha condições de andar. Aquilo não era triste, era muito triste de se ver.

Jeremias, assim que viu a garotinha, latiu de alegria e se achegou a ela. Geórgia, emudecida, olhava chocada para a cena. Só então Dona Divina percebeu o porquê de ela ter ficado daquele jeito.

– Você não sabia, não é? – perguntou.

Geórgia balançou a cabeça negativamente e comentou:

– Jamais poderia imaginar...

– Compreendo. Agora vão, antes que a chuva volte a cair, se bem que, segundo o morro, não há de chover mais por hoje. Veja, não há mais nem uma nuvem sequer sobre ele.

Geórgia confirmou o fato, surpresa mais uma vez com ele.

Com mãos trêmulas, ela começou a conduzir a cadeira de rodas com a menina em direção à praia.

– Veja! – exclamou Vitória, apontando o céu com o seu dedinho. – Um arco-íris.

Geórgia arrepiou-se inteira ao vê-lo, havia muito que não via um, tampouco se encantava por ele como fazia nos seus velhos tempos de criança.

– Das sete cores do arco-íris, vermelho, laranja, amarelo, verde, azul, roxo e lilás, a cor de que mais gosto é o laranja.

– É mesmo?

Geórgia ficou surpresa com a sapiência da garotinha.

– Tia Maila dizia que quando se vê um arco-íris devemos fazer um pedido para cada cor.

– Eu pensei que devêssemos fazer apenas três pedidos.

– Vovó também, mas tia Maila disse que não, que o certo mesmo é fazer sete. Porque o sete é um número muito forte. Deus construiu o mundo em sete dias. A semana tem sete dias... Devemos pular sete ondinhas para atrair sorte na vida. Sete, em tudo está o sete. Como vê, ele é muito forte.

– Faz sentido – concordou Geórgia, pensativa.

– Os meus pedidos são sempre os mesmos – explicou Vitória sem cerimônia. – Que a vovó tenha bastante saúde, que meus pais estejam bem lá no céu, que o mar continue limpo, que Deus nos abençoe sempre, que nunca nos falte alimentos e que o arco-íris sempre brilhe no céu, alegrando a todos. E que não maltratem os animais, não sei se sabe, mas vovó me contou que muitas pessoas fazem mal a eles.

Geórgia estava surpresa com os pedidos da pequena Vitória. Nenhum deles era para ela como a maioria das pessoas faz.

– Tia Maila dizia também que mais importante que fazer pedidos ao arco-íris era agradecer o que se tem. O que se conquistou. O que Deus nos deu.

– Tia Maila disse isso?

– Sim, ela dizia cada coisa legal.

– Você gostava muito dela, não, Vitória?

– Sim, muito, ela era sempre muito divertida. Estava sempre disposta a brincar e conversar comigo. Sinto muita saudade dela, a vovó também, assim como todos... Você sabe, todos a amavam...

A menina tomou ar e, voltando a cabeça para trás, mirando certeira os olhos de Geórgia, perguntou:

– Geórgia, você acha que tia Maila está lá no céu junto com os meus pais?

Os olhos de Geórgia encheram-se d'água.

– Sim, querida, todos estão juntos no céu.

– Só não entendo uma coisa, Geórgia... Se eles estão no céu porque nunca posso vê-los quando olho para lá?

– Eu também fiz a mesma pergunta quando era menina – respondeu Geórgia achando graça. – Acontece que o céu para onde seus pais, tia Maila e todos aqueles que partiram da Terra foram morar não é esse que vemos acima de nossas cabeças. É um lugar onde os nossos olhos não podem alcançar.

– Entendi... Será que um dia eu vou poder rever o papai e a mamãe?

Geórgia engoliu em seco. Ela não podia dizer àquela criança adorável o que pensava a respeito. Que aquela história de alma que sobrevive à morte e parte para o "céu" era apenas uma invenção, por isso achou melhor fazer uso de uma mentira ainda que mentir fosse contra os seus princípios.

– Sim, querida, você certamente há de reencontrar com seus pais um dia.

E voltando a atenção para o arco-íris, Geórgia comentou:

– Sabe Vitória, eu tinha um sonho quando era criança. Queria porque queria, tocar um arco-íris.

– É mesmo? E como você faria para tocá-lo?

– Quem sabe, pegando um balão e voando até ele?

– Boa ideia.

As duas riram. A pergunta da menina a seguir, foi:

– Quem criou o arco-íris, Geórgia?

– Assim como tudo na vida, Vitória, foi Deus.

Geórgia mentira mais uma vez ao dizer que foi Deus, afinal, ela não acreditava mais nEle.

102

No minuto seguinte, Geórgia seguiu caminho, contando para a menina o que aprendera naquela manhã a respeito da chuva. Contou também sobre Ângelo e como se conheceram no dia anterior.

Com receio de que a cadeira atolasse na areia por estar encharcada de chuva, Geórgia seguiu caminho pela calçada que margeava a praia. As duas conversavam tão alegremente que quando ela deu por si estavam na pracinha da cidade, o lugar predileto dos jovens, que durante o verão ficava tomada de pipoqueiros, sorveteiros e vendedores de algodão doce.

– O algodão doce me deu até saliva na boca – suspirou Geórgia. – Que tal comermos um? Você gosta? Sim, que bom...

Por sorte Geórgia havia trazido uns trocados que lhes serviu perfeitamente para comprar o doce.

– O algodão doce é feito mesmo de algodão? Daqueles que se usa para curar machucados? – quis saber a menina.

Pergunta que fez Geórgia rir como há muito não ria. A seguir deu-lhe a devida explicação.

As duas tomavam o caminho de volta para a casa quando Geórgia ouviu alguém chamando por ela. Ao voltar-se para trás avistou Ângelo, sorrindo como sempre, vindo na sua direção. Trocaram cumprimentos e ela lhe apresentou Vitória. Jeremias se roçou nas pernas do rapaz na certa para lembrá-lo de sua presença.

– E aí, amigão? – perguntou o rapaz, afagando carinhosamente a cabeça do labrador.

– Au, au!

Voltando-se para Geórgia, Ângelo comentou:

– Que chuva, hein?

– Nem diga... Você sabe que a Vitória me contou, quando nos conhecemos, que quando o morro fica coberto de nuvens é sinal de que vai chover no dia seguinte, confesso que duvidei, e não é que é verdade mesmo?

– Não se sinta a única. Eu também duvidei quando me contaram isso. Tal como São Thomé, eu disse: só acredito, vendo e vi.

Os dois riram. Jeremias pareceu rir com eles.

– E o seu pai, como está? – Geórgia quis saber.

– Nem tanto ao céu nem tanto à Terra.

Ela fez ar de compreensão e se silenciou por instantes.

– Aonde vai dar a montanha? – perguntou a seguir, como que ressurgindo para a vida.

– Há belas praias prá lá do morro. Há, inclusive, uma no meio dele. Se quiser posso levá-las para conhecer.

– Eu sempre quis visitar o morro – comentou Vitória.

– Você nunca foi até lá? – espantou-se Ângelo.

– Nunca!

– Então você irá! – afirmou a rapaz, empolgando-se.

Os olhos da menina brilharam de empolgação.

– Podemos levá-la, não é mesmo, Geórgia?

– Infelizmente não terei tempo para isso – desculpou-se Geórgia –, devo partir amanhã sem tardar.

– Que pena! Quando você voltar, então.

Geórgia tornou a ficar sem graça. Ela não haveria de voltar para lá nunca mais. Sem querer prolongar o assunto, Geórgia falou:

– É melhor irmos, Vitória. Sua avó pode ficar preocupada se nos demorarmos muito.

Os três se despediram e Geórgia seguiu caminho, empurrando a cadeira de rodas com seu fiel escudeiro a sua sombra. A certa altura voltou os olhos por sobre os ombros e avistou Ângelo ainda parado, no mesmo lugar, olhando para ela. Ao vê-la acenou e sorriu carinhosamente como sempre. Geórgia ficava mais uma vez impressionada com o carisma que aquele rapaz transmitia a todos. Um carisma de poucos.

Nos minutos seguintes, Vitória contou para a sua nova amiga as passagens alegres que viveu desde que começou a estudar.

Geórgia, jamais pensou que poderia propiciar tanta felicidade a alguém como estava possibilitando à menina.

A vida, sua própria vida, podia não significar muito mais para ela, mas para a menina significava muito, pois sua vinda àquela cidade permitiu à garotinha viver pelo menos uma vez um passeio agradável como aquele ao longo da praia.

Quando Vitória começou a cantarolar uma das canções que aprendera na escola, sua favorita, Geórgia acompanhou. Quando terminou, voltou-se para Geórgia e disse:

– Agora é a sua vez de cantar uma de suas canções favoritas.

O pedido pegou Geórgia de surpresa. Acanhada como era, não conseguia sequer declamar um poema na frente de quem quer que fosse, até mesmo de uma criança.

Pensou no quanto era bom ser criança despojada de vaidade e ego... sem se preocupar com o que o outro iria pensar dela por fazer tal coisa, se ia aceitar ou gostar do que fazia... Ah os tempos de criança, formidável!... Vitória insistiu mais uma vez para que ela cantasse, e rompendo a vergonha cantou...

Larinha quer balinha
Rosinha, paçoquinha

Juquinha quer rosquinhas
Mequinho, cajuzinho...
Bernardo, chocolate caramelizado
Maria quer Maria-Mole
O Joca, rocambole
Bruno, pé de moleque

Qual é a sua sobremesa favorita? Tá tá!
Qual é a sua gostosura predileta? Tá tá!

Ao término, Vitória bateu palmas. Imagine só uma criança, aplaudindo-a por algo tão simples, surpreendeu-se Geórgia. Que graça! Ela mesma não havia aplaudido a menina quando ela terminou de cantar suas canções.

Chegando à casa de Vitória, chamaram pela avó. Ela veio com seus passos lentos, toda solícita e contente.

– E então, filhinha, como foi o passeio?

– Maravilhoso... comi algodão doce.

Divina voltou-se para Geórgia e, pegando em suas mãos, agradeceu:

– Muito obrigada. Que Deus lhe pague...

– Não fiz nada...

– Fez, sim, e muito; não sabe o que é ver uma criança, querendo sair e não poder levá-la por não ter força física. Dói tanto em mim... Tento fazê-la entender minhas limitações físicas e sei que ela me compreende, mas, mesmo assim, dói muito em mim não ter forças para levá-la para passear... Bendita seja Maila por ter-lhe deixado essa casa... caso contrário, não teria vindo para essa cidade e podido fazer o que acabara de fazer por Vitória.

– Mas ninguém se prontifica a ficar com a menina, passear com ela?

– As pessoas preferem ajudar com dinheiro a ter que dispensar sequer cinco minutos de seu dia para conversar com ela, assim como fazem com muitas crianças carentes... Agem assim, na minha mais humilde opinião, por que não suportam ter de se deparar com uma realidade como essa, pois faz com que percebam que possuem muito mais saúde que um deficiente físico e mesmo assim, reclamam da vida.

– Sim. É verdade... Bom Vitória, espero que tenha gostado do passeio.

– Muito... – respondeu a menina e após breve pausa perguntou: – Dona Geórgia, será que a senhora não pode ficar aqui por mais alguns dias até que ele nos leve até lá?

– Nos levar?! Aonde?

– Ao morro. O moço que a senhora chama de salva-vidas disse que nos levaria.

– Ele...

– É, o moço... O salva vidas...

A menina emitiu um sorriso de esperança.

– Eu não prometo, querida... Não mesmo. Preciso voltar para a minha cidade e creio que esse dia será amanhã, logo após acertar o que vim acertar com o advogado encarregado do testamento de Maila...

A menina fez ar de pena. A avó a copiou.

As três se despediram e Geórgia seguiu seu caminho ao lado de Jeremias, seu fiel escudeiro.

Ao passar em frente à casa do senhor que ela apelidara de "ranzinza", Geórgia novamente o cumprimentou e, como sempre, ele não retribuiu seu sorriso, tampouco seu aceno, ficou apenas olhando para ela de forma incógnita.

"Mas que homem sem educação. Mal humorado, parece até de mal com a vida...", murmurou Geórgia entre dentes.

No mesmo instante ouviu um lado seu, lembrando-a que até bem pouco tempo ela mesma estava agindo como aquele senhor. Ignorando tudo e a todos, de mal com a vida, de mal com Deus.

Se não fosse Jeremias, ela ainda estaria trancada na casa da tia, aguardando a chegada do advogado para dar fim àquilo tudo e poder partir. Se não fosse Jeremias, ela também não teria tido a oportunidade de conhecer Vitória e ter-lhe propiciado aquele passeio que alegrou tanto a menina. Se não fosse Jeremias, ela não teria salvado aquele menino do afogamento. Quem diria que um cão poderia lhe ensinar tanto? Ela estava verdadeiramente surpresa com o que descobriu.

Ainda era cedo para Geórgia perceber que na verdade quem propiciou tudo aquilo fora a herança deixada por Maila, a misteriosa herança da misteriosa Maila...

Mais alguns passos e Geórgia teve vontade de ensinar algo àquele velho ranzinza, ensiná-lo a cumprimentar as pessoas, sorrir para elas, retribuir sorrisos... Sem pensar duas vezes, voltou até o portão da casa do homem e falou:

– O senhor poderia ser bem mais gentil com as pessoas, sabia? Retribuir acenos e sorrisos que as pessoas nos oferecem não só é polido como nos faz bem... nos transmite calor humano...

O homem continuou sem reação, apenas olhando atentamente para ela. Aquilo deixou Geórgia ainda mais irritada.

– Por isso que o senhor está aí, sem ninguém, de mal com a vida, emburrado...

Ela já estava retomando o seu caminho quando o homem falou:

– Desculpe-me.

Seu pedido fez Geórgia deter os passos, voltar-se para ele e com mais calma, dizer:

– Está desculpado. Mas a partir de hoje procure cumprimentar as pessoas que o cumprimentam, vai lhe fazer um tremendo bem, acredite-me...

– Meu nome é Juvenal – apresentou-se o homem.

– Pois bem, seu Juvenal, não se esqueça mais da minha sugestão.

– Quem é você?

– Meu nome é Geórgia

– Ah, você é a sobrinha de Maila, não é?

– Sim.

– Éramos grandes amigos.

O homem adquiriu uma feição mais amistosa após a constatação.

– Entre um pouco para conversarmos.

Geórgia sentiu-se mais à vontade para aceitar o convite. Mas deteve-se ao lembrar que estava acompanhado de Jeremias.

– Agradeço muito o convite mas é que estou acompanhada de um cão...

– Jeremias? Pode entrar com ele. Somos velhos conhecidos. Ele já ficou aqui comigo muitas vezes.

Geórgia sorriu e, finalmente, entrou acompanhada de sua segunda sombra. Seu Juvenal indicou-lhe uma cadeira para se sentar enquanto ele se sentava noutra.

– Só vou ficar um pouquinho – falou Geórgia, sentindo-se um tanto encabulada.

O senhor aquiesceu com um sorriso dessa vez. Em seguida, disse:

– Sua tia era maravilhosa. Um espetáculo de mulher. Especial...

Foi só nesse momento que Geórgia percebeu algo que a deixou profundamente arrependida por tudo o que dissera àquele pobre homem. Juvenal era cego e, por isso, não lhe retribuía os acenos e sorrisos. Ela, literalmente, sentiu vontade de abrir um buraco e se enfiar dentro dele tamanho o embaraço.

Ela fizera mais uma vez aquilo que ninguém deve fazer jamais: julgar alguém pela aparência. Quantos e quantos erros não são cometidos por isso.

Geórgia se precipitara nas suas conclusões e, por precipitar, cometeu um grave erro.

Restava-lhe agora pedir desculpas por sua indelicadeza, era o mínimo que uma pessoa sensata poderia fazer diante de tamanho equívoco. Assim, ela tomou ar, coragem e disse:

– Eu sinto muito por tudo o que disse ao senhor há pouco. Não percebi que era...

– Cego? Muitas pessoas não percebem. Desculpas aceitas, errar é humano.

Havia tempo que Geórgia não se lembrava que errar é humano.

– Percebo quando as pessoas passam em frente a minha a casa, sei imediatamente quando são meus conhecidos e quando não. Sabia o tempo todo que era uma desconhecida para mim, mas o cão, eu sempre soube que se tratava do Jeremias. Pensei a princípio que você fosse alguém contratada por Jurema para passear com ele, só hoje é que Jurema ao vir me visitar me disse quem você era.

– Ainda assim sinto muito pelo que falei. Sinto-me envergonhada...

– Torno a repetir: errar é humano. Julgar alguém pelas aparências é uma falta muito comum que nós cometemos.

Mas um dia aprendemos que não se deve julgar alguém pelas aparências, nem tirar conclusões apressadas, sequer com relação a Deus.

– Nem fale! – concordou Geórgia, pensativa.

Seu Juvenal exibiu seus dentes brancos, quase perfeitos num sorriso bonito e, com sua voz doce, pediu a seguir:

– Gostaria muito de saber como é fisicamente. Se não se importar, é lógico.

– Pois não.

Geórgia pegou a mão do homem com delicadeza e a levou até seu rosto. Como quem lê em braile, o negro apalpou toda a sua face como fazem os deficientes visuais quando querem conhecer o rosto de uma pessoa.

– Seu rosto é muito bonito, mas não se lembra em nada o de sua tia.

– De fato, éramos bem diferentes fisicamente.

Novo sorriso, de ponta a ponta, surgiu nos lábios grossos e bonitos de seu Juvenal. Houve uma breve pausa antes que ele comentasse:

– O que mais me impressionava em Maila era a sua humildade. Ela, por momento algum, se achou mais que seu semelhante por ser especial. Era de uma humildade sem igual. Quando alguém achegava-se a ela, querendo colocá-la num pedestal por ter sido agraciada por aquele dom divino, ela nos lembrava que todos éramos especiais, sem exceção.

Geórgia riu, interiormente, ao ver que todas as pessoas que conheceram a tia, faziam o mesmo comentário. Era como se todos tivessem ensaiado o mesmo texto para descrevê-la para ela.

– E o senhor – perguntou Geórgia a seguir – não se sente só, morando aqui sozinho?

– Não, meus filhos sempre vêm me ver nos fins de semana. Moram e trabalham nas cidades vizinhas. Minha filha queria e, ainda insiste, para que eu vá morar com ela, mas eu prefiro ficar aqui, morei a vida toda nesta casa, não me acostumaria longe dela.

– E senhor não se sente só?

– Como posso me sentir só se estou sempre rodeado de amigos? Eles sempre vêm me visitar. Quando estou só, procuro me entreter com alguma coisa. Antes ajudava Maila, assim como a maioria, na sua...

Ele interrompeu o que dizia, ao lembrar o que Jurema havia lhe pedido pela manhã: "*é melhor não falar muito sobre Maila... Não agora.*" Quando voltou a falar, havia um quê de tristeza na sua voz:

– Ainda dói muito em todos nós a partida de sua tia, sabe?

– Eu faço ideia. Perder quem se ama não é nada fácil.

Algumas lágrimas escorreram dos olhos de Geórgia que prontamente tratou de enxugá-las no dorso da mão.

– E o velho Jeremias – perguntou o homem simpático, voltando-se na direção do cão. – Deve estar pulando de alegria por ter arranjado uma nova dona, não? Maila deve estar feliz por você tê-lo adotado.

– Infelizmente não poderei ficar com ele, seu Juvenal. Vou partir dentro em breve e, onde moro, não há espaço para ele. Por isso preciso arranjar alguém que o adote o mais breve possível, se o senhor souber de alguém, por favor, me diga.

O senhor inclinou o corpo na direção de Geórgia, procurou por seus punhos e quando os encontrou, segurou-os firme e disse:

– Você não pode abandonar o cão.

Havia bem mais que uma súplica em sua voz, algo que fez Geórgia se arrepiar. Incomodada com aquilo, ela se levantou, dizendo:

– Bem, foi um prazer conhecê-lo, senhor Juvenal. Agora preciso ir, estou aguardando o advogado que ficou encarregado do testamento de minha tia para que possamos resolver o que é preciso com relação a casa.

O senhor com a ajuda da bengala se pôs de pé e falou, seriamente:

– Fique com a casa, bela senhora. É um lugar mais do que especial, você precisa apenas de algum tempo por lá para compreender o que digo. Olhe para ela com os olhos do espírito, só assim verá as maravilhas que seus olhos não podem alcançar.

As palavras do homem fizeram mais uma vez Geórgia se arrepiar. Ele a acompanhou até o portão. Antes, porém, de ela atravessá-lo, ele segurou em seu braço e com uma voz incisiva a aconselhou:

– Não tire conclusões apressadas, minha querida. Lembre-se disso. Elas nos causam tremendos enganos.

Geórgia sorriu sem graça. As palavras a deixaram um tanto quanto inquieta. Despediu-se novamente e seguiu caminho com sua segunda sombra a seu lado. Durante todo o trajeto, sua cabeça repassou tudo o que havia ouvido e vivido há pouco. A vida lhe pregara mais uma surpresa e lhe dera também uma outra lição: não julgue as pessoas pela aparência, não tire conclusões precipitadas. E esse conselho deveria ser usado também com relação a Deus. Essa parte foi a que mais a impressionou.

Assim que Dona Jurema avistou Geórgia chegando na companhia de Jeremias, caminhou até eles.

– Pelo visto vocês dois estão se dando muito bem, hein?

– É, o Jeremias é de fato um cão encantador.

– Isso significa que vai ficar com ele, certo?

– Não. Como eu já disse a senhora não posso. Minha casa não tem condições de abrigar um cão.

– Pense bem, querida, pense bem... Não se precipite, para não se arrepender depois.

Geórgia sorriu certa de que não se arrependeria jamais.

– E quanto a casa. Vai ficar com ela, não vai?

Mas que mulher insistente, pensou Geórgia com seus botões. Já havia lhe dito que não, e continuava a insistir no contrário. Que coisa! Sem procurar deixar transparecer na voz a irritação, ela respondeu:

– É uma belíssima casa, concordo, mas como eu já disse antes para a senhora, não posso ficar com ela. A propósito, o advogado não apareceu enquanto estive fora?

– Não.

– Acho que ele acabou se esquecendo de mim.

– Dr. Fernando? Jamais! Aquele homem tem memória de elefante. Se ele ainda não veio procurá-la é porque ainda não voltou para a cidade. Pode ficar tranquila que assim que ele chegar, honrará com seu compromisso.

– Tomara.

Jurema pousou a mão no seu braço e com seriedade observou:

– Você não precisa do dinheiro da venda da casa, não é? Pois então, fique com ela. Faça isso por Maila, por nós, por todos nós, amigos de sua tia...

Geórgia sentiu-se arrepiar novamente diante daquelas palavras. Teve a impressão de que havia alguma informação a mais no meio delas. Sem saber o porquê, subitamente, sentiu medo daquela mulher. Era como se ela escondesse alguma coisa dela, mas o quê?

Sem querer prolongar mais o assunto, Geórgia inventou uma desculpa qualquer e se recolheu com o cão.

Jurema ficou observando-a até ela atravessar o portão e fechá-lo atrás de si. Então, quase num sussurro, a mulher disse para si mesma:

– Ela há de mudar de ideia, Maila. Há de mudar, você verá...

Capítulo 7

Assim que Geórgia passou em frente ao retrato do tio, pintado a óleo enquadrado numa bela moldura de madeira pintada de dourado, ela parou novamente para admirá-lo.

Lembrou-se, então, do quanto jamais podemos definir a personalidade de uma pessoa por meio de um retrato ou mesmo por sua aparência física como ela havia feito com relação a seu Juvenal e a pequena Vitória.

Voltou-lhe à memória o que a tia escrevera a respeito do tio em seu diário.

Muitas pessoas que não conhecem o Theodoro, pessoalmente, ao se verem diante do seu retrato pintado a óleo, pensam, imediatamente, tratar-se de um homem austero, um tanto quanto tirânico, uma fortaleza, daqueles que não suportam um passo em falso, um fora de alguém ou uma simples conversa furada. Julgam-no exatamente o oposto do que ele verdadeiramente é. Pois na realidade, Theodoro é um homem calmo, que jamais faz estardalhaço quando as coisas não saem como quer, além de ser um desligado nato, herança de família.

Ainda me lembro quando ele, distraído como sempre, saiu do quarto, conversando comigo e havia se esquecido de pôr as calças e quando cochilou no casamento de Dona Hercília e seu ronco despertou a atenção de todos, fazendo com que até o padre achasse graça do acontecido.

Já diz o ditado que não se deve julgar um livro pela capa, o mesmo deve se aplicar às pessoas, não devemos nunca julgar quem são e o que sentem sem os conhecer intimamente.

Agora, Geórgia sabia o quanto aquilo era a mais pura verdade. Depois do almoço, ela aproveitou para descer as roupas da tia do quarto para que ficassem num lugar mais apropriado para doar às pessoas.

A noite caiu bonita e depois de saborear a sobremesa, Geórgia se perguntou:

– E agora, o que fazer?

A lua que imperava magnânima no céu, como uma rainha entre as estrelas, prendeu sua atenção. Há tempos que não parava para observar sua grandeza. Aquela que nos seus áureos tempos de menina tinha como confidente, hábito que, infelizmente, perdeu-se com o avanço da idade.

Ah, como ela gostava de conversar com a lua e tomar um banho de luar. Como aquilo era bom e necessário a sua alma. Que pena que perdemos velhos hábitos tão necessários ao nosso equilíbrio físico e espiritual com a idade.

E o pior, percebia Geórgia naquele instante, era notar que não perdera somente aquele hábito agradável com o avanço da idade, perdera muitos outros também. E os que não havia perdido, ela não se permitia usufruir deles por achar que não ficava bem uma adulta fazer tal coisa.

Diante daquela lua tão luminescente, encantando a noite, prateando tudo com sua luz, Geórgia sentiu uma vontade imensa de passear pela noite, quem sabe até a beira mar, sob a luz do luar, na companhia de seu mais novo amigo, Jeremias.

Ao perceber que sua nova amiga estava disposta a sair, o labrador deu pulos de alegria.

– Será que é perigoso eu sair agora à noite para dar uma volta? – perguntou-se Geórgia e, voltando-se para o animal, se agitando todo ao seu lado, completou: – Bem, com um cão do seu tamanho a minha sombra, Jeremias, meu caro, certamente que não! Um cachorrão assim deve meter medo em qualquer um que quiser bancar o engraçadinho para cima de mim.

Assim, os dois partiram andando calmamente pela rua de paralelepípedos, iluminada pelo luar. Ao chegarem à praia, Geórgia fez o que há muito não fazia, foi caminhar à beira-mar sob a luz do luar.

De repente, para a surpresa de Geórgia, uma estrela cadente riscou o céu. Ela emocionou-se ao vê-la, pois há tempos que não via uma. Lembrou-se no mesmo instante de que quando se vê uma, deve se fazer um pedido e, mesmo descrente de todo o tipo de superstição e fé, ela decidiu fazê-lo!

Estava prestes a fazê-lo quando se lembrou da pequena Vitória, dos seus pedidos para o arco-íris, onde nenhum deles era exclusivamente para a sua pessoa como faz a maioria. Inspirada na menina, Geórgia decidiu fazer um pedido em prol do próximo: que a estrela localizasse alguém naquelas terras que pudesse adotar Vitória e ajudá-la ao longo da vida. Pois uma menina naquelas condições não poderia ficar só, o que em breve aconteceria, pois sua avó na idade avançada em que se encontrava, não viveria por muito tempo. Sem ela, o que seria da menina?

118

Que a estrela também a ajudasse a encontrar um novo dono para o Jeremias. E que fosse antes de ela partir, para que pudesse voltar para a casa tranquila, sabendo que o cão tão amigão se encontrava agora em boa companhia.

Ao avistar o morro descoberto de nuvens, compreendeu que o dia seguinte seria de bom tempo, ensolarado. Compreendeu também que até a montanha tinha seu jeito especial de falar com o ser humano... Que tinha sua linguagem própria... Na verdade, a vida da montanha era muito semelhante à do ser humano, pois ela tomava banho de mar, de sol, de luar...

Caminhando à beira-mar, Geórgia foi dar no que era considerado o centro da cidade, local em que ela, naquela manhã, havia encontrado Ângelo e o vendedor de algodão doce. Nem bem pisou na praça, avistou o rapaz conversando descontraidamente com outro rapaz. Seus olhos encantadores cintilaram ao vê-la ali.

– Que surpresa agradável! – exclamou Ângelo, vindo na sua direção.

Assim que Jeremias avistou o rapaz, latiu eufórico e foi ao seu encontro. Moço e cão trocaram, como sempre, um abraço apertado e carinhoso. Somente quando ele conseguiu se desprender do animal, é que ele se dirigiu a Geórgia:

– Como disse, mas que surpresa agradável!

– A noite caiu tão bonita – respondeu ela com certa timidez –, tão convidativa a um passeio, que não resisti.

– Fez muito bem. Quer tomar um sorvete? É por minha conta.

– Obrigada.

– Vamos lá, eu insisto. O de abacaxi é muito bom. Feito com fruta natural. Uma delícia!

– Está bem. Mas eu faço questão de pagar.

– De jeito algum, já disse que é por minha conta.

– E seu pai como está? – perguntou ela a seguir.

– Infelizmente nada bem, altos e baixos. Bebeu ontem escondido de mim, misturou a bebida com os remédios, passou mal, muito mal, por pouco não morreu. Foi um Deus nos acuda.

– Eu sinto muito.

Ele aquiesceu e, voltando os olhos na direção do morro, falou:

– Segundo o morro, amanhã fará um dia bonito, de sol. Por que não aproveitamos para levar a pequena Vitória até lá?

– Vê lá... Você tem suas obrigações...

– Amanhã é sábado, esqueceu? Estou de folga, posso muito bem levar você e a menina.

– Vitória adoraria. No entanto, estou aguardando o advogado de que lhe falei, se bem que sendo amanhã sábado, não creio que ele deva me procurar. Poxa, vou ter de acabar passando o fim de semana aqui para esperar por ele só na segunda-feira. Se as roupas de minha tia não servissem em mim eu estaria perdida, pois como vim para cá na intenção de resolver tudo em menos de um dia sequer trouxe muda de roupa para trocar.

– E então, vamos?

– É mais pela Vitória que quero ir, ela falou do passeio com tanta vontade.

– Então está combinado, iremos amanhã, depois do almoço. É só me dar o seu endereço que passo para apanhar você e a menina.

– E se chover?

120

– O morro está limpo o que significa que fará sol. Pode confiar, ele nunca erra.

No minuto seguinte, Geórgia anotou seu endereço num pedaço de papel e entregou ao jovem. Enquanto ele o lia, ela averiguou:

– Tem certeza que poderá mesmo nos fazer essa gentileza, seu pai não está bem, pode precisar de você. Vou me sentir muito mal se algo acontecer com ele por tê-lo deixado só por nossa causa.

– Não se preocupe. Com a graça de Deus, nada de mal há de lhe acontecer enquanto eu estiver fora.

– Se quiser convidá-lo para ir conosco...

– Vou tentar, mas do jeito que o papai anda, duvido muito que aceite. Por falar nele, venha, quero apresentá-la a ele.

Ainda que sem graça, pega de surpresa, Geórgia atendeu ao pedido do rapaz. Atravessaram a rua e caminharam até um dos bancos de alvenaria que ficavam à margem da praia.

– Papai – chamou Ângelo, assim que se aproximou do homem sentado de costas para eles. – Quero lhe apresentar a Geórgia, a mulher de quem lhe falei. Geórgia esse é Ivan, meu pai. Pai, essa é Geórgia minha amiga "salva-vidas".

Um sorriso muito sem vontade apareceu no rosto do homem. Geórgia teve a impressão de que ele estava sob forte dose de calmantes, pois seu semblante era o de uma pessoa dopada. Foi só nesse momento em que ela se lembrou de que havia se esquecido de tomar seus antidepressivos e se repreendeu, mais uma vez, pela displicência, prometendo-se não mais fazer aquilo consigo.

– Muito prazer – disse ela a seguir, um tanto sem graça.

O pai de Ângelo permaneceu imóvel. Apenas seus olhos aprofundaram-se nos de Geórgia e, quando isso aconteceu, ela pode ver dentro deles, como que por encanto, o que se passava no seu interior.

Havia dor, uma dor profunda se agitando dentro do pobre homem. Fazendo do seu corpo, sua morada, fazendo do seu equilíbrio sua piada, seu passatempo, sua diversão predileta. De repente, para ela, aquele homem sofria mais do que ela vinha sofrendo nos últimos tempos, desde a perda daquele seu alguém tão especial em sua vida. E, por algum motivo obscuro, ela sentiu pena, muita pena, do sujeito e uma vontade imensa de ajudá-lo.

Percebendo que o pai não puxaria conversa, Ângelo resolveu quebrar o gelo, dizendo:

– Amanhã iremos até a montanha, papai. Eu, Geórgia e Vitória, uma linda garotinha. Ah, o nosso amigão aqui, Jeremias, também irá conosco. Se o senhor quiser nos acompanhar será muito bem vindo.

Seus olhos responderam por si: não.

Antes que o clima pesasse, Geórgia resolveu partir.

– Mas é tão cedo. A noite é uma criança – redarguiu Ângelo.

– Mas é que...

Compreendendo seus motivos para partir, Ângelo cortou delicadamente o que ela dizia, dizendo:

– Eu sigo com você, se não se importar, é lógico.

– Em absoluto.

E voltando-se para o pai do rapaz, Geórgia se despediu.

– Muito prazer em conhecê-lo.

Novamente a resposta, se é que houve alguma, foi dada pelos olhos de Ivan.

Quando os dois se distanciaram, Ângelo pediu a opinião de Geórgia a respeito do pai.

– O que achou dele?

– Uma pessoa muito triste.

– Ficou assim depois que minha mãe lhe pediu a separação. Seu alcoolismo se agravou depois disso. Ele jamais superou o acontecido. Eu não queria vê-los separados, nenhum filho quer ver seus pais separados, mas eu presenciei tudo o que minha mãe passou com ele, e admito que não foi fácil, eu mesmo não teria tido tanta paciência.

– É complicado...

– Só quem passou por isso pode compreender realmente o que aconteceu.

– É como no meu caso, só quem perde alguém muito especial em sua vida é que sabe o que eu sinto, o que eu passo.

Após breve reflexão, Ângelo perguntou:

– Você acredita em vida após a morte?

A resposta de Geórgia foi direta:

– Não.

– Achei mesmo que não acreditasse, porque penso que quem acredita deve sofrer menos. Eu mesmo prefiro acreditar que existe vida no Além para não sofrer... para me consolar.

– Cada um, cada um...

Ele aquiesceu com um sorriso. Ela, alegrando o tom, perguntou a seguir:

– Que história é essa de me chamar de "minha amiga salva-vidas"?

– Ah – ele riu – é porque você, de certa forma, salvou aquele adolescente do afogamento.

– Curioso...

– O quê?

– É que eu também o apelidei de salva-vidas.

Ele riu mais ainda. Ela falou:

– Que coincidência, não?

– A vida é mesmo feita de coincidências, não acha? Pelo menos é o que dizem...

Geórgia quedou pensativa. Alguns passos à frente, eles se despediram, prometendo encontrarem-se no dia seguinte para fazer o passeio ao morro.

Geórgia seguiu caminho, pensando no que Ângelo dissera há pouco.

– Quantas e quantas pessoas não acreditavam em vida após a morte... Como acreditar se não havia provas concretas? Era o mesmo que acreditar em Deus. Para ela, impossível. Pois se existisse, teria impedido aquele seu *alguém especial* de morrer.

Ao tomar a rua que levava a casa, Geórgia avistou um casal de idosos, arrumando o jardim da casa deles. Ao vê-la se aproximando, o senhor sorriu e acenou alegremente para ela. Geórgia retribuiu imediatamente o aceno e o sorriso.

– Boa noite! – cumprimentou ela com sua delicadeza de sempre.

– Boa noite! – respondeu o casal, uníssono.

Aproveitando a oportunidade, Geórgia perguntou:

– Desculpe a amolação, mas estou procurando alguém para adotar este cachorro. Vocês, por acaso, não conhecem alguém que esteja disposto a ficar com um?

O casal olhou atentamente para o animal. Geórgia explicou:

– É um labrador, não é lindo? Infelizmente, não posso ficar com ele, estou aqui na cidade só de passagem, onde moro não há condições de criá-lo, portanto, só me resta dá-lo a alguém que o queira.

– Ele é de fato um animal muito bonito – comentou a senhora, olhando com curiosidade para o Jeremias.

– Era de minha tia – continuou Geórgia –, depois que ela se foi o pobrezinho ficou órfão.

– Tia? – perguntou o homem enviesando o cenho. – Que tia?

– Vocês devem tê-la conhecido – falou Geórgia e apontando com o dedo, explicou: – Ela morava naquele sobrado grande que fica no final desta rua. Seu nome era Maila...

Quando Geórgia voltou-se na direção do casal, ambos seguiam ligeiros em direção ao portão da casa.

– Não conhecemos ninguém, não. Passar bem – disse o homem num tom áspero e altamente fora de cabimento para o momento.

Assim que atravessaram o portão, fecharam-no imediatamente. Geórgia mal podia acreditar no que vira. Estava literalmente boquiaberta com a reação do casal de idosos.

– O que será que deu neles? – perguntou-se, franzindo o cenho.

Parecia até que ela havia falado do demônio, que estranho, teriam eles algo contra a tia? Se tinham, deveriam ser os únicos na cidade, afinal, desde que chegara ali só ouvira elogios a respeito dela. Para tudo há sempre uma exceção, lembrou-se ela. E talvez aquele casal fosse a exceção.

Ao novo chamado de Jeremias, Geórgia retomou a caminhada.

Não muito longe dali, ela se pegou observando a casa da tia ao longe. E nesse momento aquele arrepio que volta e meia vinha sentindo desde que chegara ali, tornou a

125

estremecer seu corpo. Um novo arrepio se deu quando, subitamente, ela teve a impressão de ver alguém na varanda que cercava o andar superior da casa. Ela apertou os olhos para ver melhor, novo arrepio, parecia mesmo que havia alguém na sacada, provavelmente, Dona Jurema, pensou. Quem mais poderia ter entrado na casa se não ela?

De repente, Jeremias parou e sua reação assustou Geórgia.

– O que foi, meu rapaz?

O cão também olhava agora na direção da casa, na mesma direção em que ela olhara há pouco. Abanava o rabo, forte e resmungava, como que se chorasse. Parecia estar vendo alguém ou alguma coisa de que gostava muito, caso contrário não agiria daquele modo, mas o quê?

Subitamente, Jeremias disparou correndo na direção da casa. Sua arrancada foi tão forte que a guia se soltou da mão de Geórgia.

– Ei, calminha aí seu moço! – berrou ela indo ao seu encalço. – O que deu em você? – perguntava, enquanto apertava o passo.

O cão parou em frente ao portão da casa, com as patas dianteiras contra ele como se quisesse abri-lo por conta própria. Ao chegar ali, Geórgia tratou logo de destrancá-lo e o animal o atravessou em disparada. Nesse momento, a voz de Jurema soou atrás dela.

– Passeando a esta hora? Que bom!

– Dona Jurema?! – exclamou Geórgia sem esconder o susto por ver a mulher ali.

– Não queria assustá-la – desculpou-se a senhora. – Estava esperando você chegar.

– Aconteceu alguma coisa?

– Não, querida, está tudo bem. Só queria me recolher, tendo a certeza de que você voltou bem para casa.

– Obrigada pela preocupação.

A mulher sorriu.

A seguir, Geórgia contou a ela o que havia se passado há pouco entre ela e o estranho casal de idosos.

– Não se aborreça por causa deles, minha querida. Eles são assim mesmo...

– O que houve entre eles e minha tia para que reagissem daquela forma? Só pode ter havido alguma coisa de muito grave entre eles.

– Não houve absolutamente nada, a querida Maila não fazia mal a uma mosca. Sua tia era especial, já lhe disse isso e certas pessoas não gostam de pessoas especiais. Sentem-se incomodadas com elas, por mais que sejam lembradas que são tão especiais quanto elas. Isso, logicamente, por falta de uma boa autoestima.

Geórgia ficou olhando seriamente para dona Jurema, olhando fundo nos seus olhos como se quisesse enxergar até o recesso de sua alma. Após alguns segundos, comentou:

– Há algo errado nisso tudo, não sei precisar exatamente o quê, mas sinto que há algo errado por aqui. O modo como esse casal reagiu, o fato da minha tia ter-me deixado esta casa de herança. Não faz sentido, o certo seria ela tê-la deixado para a senhora que era sua amiga ou para qualquer outro morador desta rua, tal como a pequena Vitória, por exemplo. Ela, mais do que ninguém, precisa de uma casa e minha tia sabia disso.

– Deve haver, com certeza, uma razão mais profunda por trás dessa atitude de Maila – opinou Jurema. – Ela escolheu você por algum motivo especial, um motivo que só ela vislumbrou, para deixar a casa sob a sua guarda.

– É estranho... – murmurou Geórgia, engolindo seco.

– Nada é estranho, Geórgia, tudo é bem fácil de se entender. Nós é que muitas vezes não queremos e, por isso, complicamos tudo. Tornamos o fácil, difícil, o simples, complicado.

Após breve reflexão, Geórgia falou:

– Dona Divina me disse que os amigos de minha tia virão procurá-la mesmo sabendo que ela morreu. O que ela quis dizer exatamente com isso? Por que haveriam de procurá-la se ela está morta?

– Divina às vezes fala coisas sem pensar... não leve em conta tudo o que ela diz.

Jurema, voltando os olhos para o sobrado, comentou como se comentasse apenas consigo mesma:

– Você precisava ter visto esse sobrado nos áureos tempos, tomado de pessoas, dos amigos de Maila... Eles com ela davam vida a esta casa, a esta rua, a este canto do planeta... Que pena, que pena que não conheceu sua tia mais intimamente; só assim, poderia compreendê-la melhor, bem como tudo mais que cercava a sua vida.

Geórgia sentiu-se arrepiar novamente de forma esquisita. De repente, pareceu-lhe que todos ali sabiam de algo que ela não sabia e faziam questão de esconder. Mas o que seria?

Em seguida, disse boa noite e se recolheu no sobrado. Jurema permaneceu olhando para a casa, com um brilho bonito nos olhos, uma mistura de alegria e tristeza ao mesmo tempo. Em silêncio comentou:

– Seus amigos hão de preservar sua casa Maila, como você tanto queria que acontecesse depois que tivesse partido da Terra.

Naquela noite, ao se recolher na sala, Geórgia relembrou os últimos acontecimentos. Novamente a imagem da tia voltou a sua mente e, em meio a ela, os comentários de todos que a conheciam.

De repente, sua curiosidade mudou, afinal, do que teria morrido a tia? Estava aí algo que ela havia se esquecido de perguntar, mas que faria no dia seguinte assim que tivesse a oportunidade.

Lembrou-se então da visão que tivera há pouco da casa. Da impressão de ter visto alguém perto da rede, mas esse alguém, percebia ela agora não fora Dona Jurema como pensou a principio, pois ao chegar à casa encontrou a mulher em frente à casa dela.

Quem seria então a misteriosa figura que estivera na sacada do sobrado? Geórgia riu, provavelmente, a sombra de um dos galhos das árvores se agitando com a brisa... Se acreditasse em vida após a morte, pensaria tratar-se de um fantasma. Mas para ela, morreu, morreu e isso é o que mais a revoltava.

Capítulo 8

O dia seguinte, como previu o morro, amanheceu ensolarado.

– Maravilha! – exclamou Geórgia. – O dia está perfeito para fazermos o passeio!

Havia ainda, certamente, uma vaga esperança de que o advogado aparecesse na casa naquela manhã, procurando por ela, o que não aconteceu.

– Segunda-feira – lembrou-se Geórgia – ele só deve aparecer agora na segunda-feira. Relaxe e aproveite o fim de semana da melhor forma que conseguir.

E foi o que ela fez, tomou seu café da manhã na companhia de um entusiasmo que há tempos se distanciara dela e, depois, saiu para dar a volta com seu amigo que aguardava por ela como quem aguarda por um bom pedaço de torta de amora. Geórgia sabia que não era só Jeremias que aguardava por sua volta, Vitória também aguardava por aquilo. Apesar de não pedir, sabia que ela, no íntimo, aguardava em silêncio alguém passar por sua casa e se oferecer para dar um passeio com ela, por um lugar onde poderia ver o mar, contemplar sua beleza, seu encanto, sentir a energia gostosa e revitalizante que só ele transmite ao ser humano.

Ao chegar à casa da menina, Geórgia contou de imediato a respeito do passeio ao morro que fariam naquela tarde após o almoço. A menina ficou radiante de felicidade.

Como era bom, pensou Geórgia, poder realizar os sonhos de uma criança. Poder propiciar algo tão simples como um passeio num morro. A seguir pediu permissão à Dona Divina para levar a menina naquele instante para dar uma volta pela praia e para fazer o passeio naquela tarde em questão.

A mulher respondeu, sorrindo:

– É lógico que pode, minha querida.

E lá foi Geórgia empurrando a cadeira de rodas com Vitória sobre ela e Jeremias, ao lado das duas, marcando o território por onde passava com um pouco do seu xixi.

Após o almoço, Geórgia arrumou-se com vontade, algo que também não fazia desde a perda de seu *alguém especial* e aguardou por Ângelo que chegou na hora combinada. Os dois se cumprimentaram, contentes por se verem mais uma vez na presença um do outro e a seguir passaram para apanhar Vitória em sua casa.

Podia se ver nitidamente o quanto a menina estava feliz, radiante como quem fica para entrar numa aventura fascinante. E, de fato, foi.

Logo pelo caminho encontraram um vendedor de flores, um senhor banguela que montava ele mesmo os buquês com flores do jardim cultivado ao lado de sua casa, erguida na encosta do morro, para defender uns trocados para o seu sustento. Ângelo parou e comprou dois buquês, um para Geórgia e outro para Vitória.

– São lindos! – exclamou Geórgia, maravilhada. – Não precisava.

– Precisava, sim. Com esse simples gesto fiz você e o vendedor de flores felizes.

– É verdade. Obrigada.

– Esse senhorzinho, digo, o vendedor de flores é a prova viva de que aqui só não trabalha quem não quer. Você viu a idade dele? E mesmo assim tá na labuta e com aquele sorriso banguela estampado no rosto!

Vitória estava maravilhada com o presente, ainda que menina, o buquê fora encarado por ela como um grande e inédito presente, afinal ela nunca havia tido a oportunidade de receber um.

– Obrigada, Ângelo – agradeceu a menina. – Vou compartilhá-lo com a minha vovó assim que chegar em casa. Ela adora flores.

Ângelo, rindo, falou:

– Que mulher não gosta? Minha namorada, adora! Por falar nela, estou morto de saudade.

– Não era para você ir vê-la neste final de semana? – a pergunta partiu de Geórgia.

– Não, com meu pai nessas condições. Irei num próximo.

Logo o carro, com todo cuidado, foi direcionado para uma estradinha com muito pedregulho espalhado que foi dar na tal prainha que ficava no meio do morro.

– Chegamos. Não é lindo?

Geórgia e Vitória soltaram um suspiro e um assovio de admiração.

– Bem que você disse que valia a pena vir conhecer o lugar – comentou Geórgia.

– E eu, por acaso, falo mentira? – brincou o rapaz saltando de dentro do carro e pegando Vitória nos braços. – Vamos.

Os três foram por um caminho, ziguezagueando por entre a mata, até chegar à prainha. Ali, ele ajeitou Vitória sobre uma pedra e cada um sentou-se ao lado da menina. Era um lugar de paz e um momento de paz.

Com os olhos presos na linda paisagem que se descortinava à frente de todos, Ângelo comentou:

– Por mais que eu observe o mar sob o sol ou sob o luar não me canso de admirá-lo, para mim é como se ele tivesse vida própria. Não só ele, mas tudo mais que faz parte da natureza, como o sol, a lua, as estrelas, a água...

Você já reparou, Geórgia, como tudo que há na natureza é importante para nós? Imagine, só por um instante, a vida sem o mar, sem o sol, sem os grãos de areia, sem os pássaros no céu, sem os coqueiros à beira-mar, como ficaria precária, sem graça, sem até mesmo vida!

Geórgia concordou. O rapaz continuou:

– Estamos todos interligados neste planeta e é por isso que os ecologistas batalham tanto para nos fazer compreender o quanto é importante para nós preservarmos a natureza, quando se a preserva, estamos no fundo preservando a nós mesmos, pois como disse, estamos todos interligados e dependemos de tudo que nela existe.

Somos no fundo feito de todos e de tudo. Somos no fundo partes de uma mesma alma... somos no fundo uma só alma!

Não devemos preservar o planeta somente em prol das próximas gerações, mas em prol de nós mesmos porque se for verdade que poderemos voltar ao planeta em reencarnações futuras, é melhor que ele esteja preservado para nos receber.

Para mim o planeta Terra é como um palco para receber artistas que atuam numa peça. A única diferença é que a peça da vida é escrita por nós mesmos por meio de nossos pensamentos e atitudes.

– Admira-me muito vê-lo, falando assim, Ângelo – elogiou Geórgia – as novas gerações parecem tão displicentes para com tudo e todos. Você é uma exceção. Há sempre exceções, não posso esquecer.

Ele exibiu um de seus sorrisos bonitos e falou:

– Eu sou um cara que gosto até de meditar porque, meditando, posso silenciar minha mente, fluir noutra sintonia, alcançar a paz de espírito e, nessa paz, conhecer outras partes de mim mesmo. Ativar outras energias que há em mim. Todos deveriam meditar, pois faz muito bem para o nosso equilíbrio. Uma mente que não se silencia, vez ou outra, é uma mente em eterno barulho e confusão.

A seguir, o jovem ergueu Vitória e a colocou sentada em torno do seu pescoço. Foi assim que os dois caminharam rente ao mar, brincando com as ondas que chegavam ali e pareciam lamber suas pernas.

O próximo passo foi conhecer as praias que ficavam para lá do morro. Assim voltaram para o carro e seguiram até lá. A cada uma que chegavam, uma onda de alegria se espalhava no interior de cada um. Geórgia estava simplesmente maravilhada com a sensação de paz que tudo aquilo lhe transmitia. Algo que o ser humano só obtém quando entra em contato com a natureza. Algo que ela deixara de fazer há muito, muito tempo...

Que bom!, concluiu com seus botões. Que bom que Ângelo insistiu para que fizessem o passeio. Vitória estava tão radiante quanto ela. Incrível como uma coisa tão simples podia transformar a vida de alguém.

Na volta, por sugestão de Ângelo, os três pararam para tomar um lanche numa padaria muito bonitinha, que ficava na rua que ia dar na ponte que levava ao morro. Até o lanche parecia mais saboroso que o normal.

Noutra época, depois de um passeio tão bacana como aquele, Geórgia só gostaria de ter uma cama para deitar e dormir até o dia seguinte, no entanto, após tomar seu banho, ela se viu disposta a sair novamente da casa para dar um passeio à beira-mar. A noite estava ainda mais convidativa para aquilo do que a anterior, seria uma pena desperdiçá-la, ficando trancada dentro da casa.

A lua reinava absoluta na noite com seu coral de estrelas cintilantes ao seu redor. Estava tão forte o luar que tudo ao redor parecia ter recebido uma fina camada de prata.

Jeremias, como sempre, divertia-se, com as ondas que quebravam na areia, como uma criança. De passo em passo os dois foram parar, como no dia anterior, na pequena praça do centro da cidade.

As estrelas brilhavam tanto naquela noite que Geórgia seguiu boa parte do caminho, olhando para elas. Lembrando o quanto aquele seu *alguém especial* amava ver o céu estrelado, vivo e brilhante como aquele.

Para o seu alguém especial, as estrelas eram as pessoas que haviam morrido. Cada um que partia virava uma estrela a iluminar o universo, por isso, dizia-se que quando alguém morre a alma dessa pessoa seguia para o céu.

Estaria sua *pessoa especial*, certa? Seriam as estrelas realmente feitas pelas almas dos mortos?, perguntou-se Geórgia, mais uma vez. Seria, sem dúvida alguma, uma boa explicação para a existência delas, concluiu. No entanto, para ela aquilo não passava de uma suposição, mais uma dentre tantas para acobertar a verdade, a única disponível a todos: de que não há vida alguma após a morte, que uma vez morto, tudo acabou, para sempre.

Suas reflexões levaram-na a pensar em Deus e mais uma vez se revoltar contra Ele. Não com Ele exatamente, pois ela não acreditava mais na sua existência, mas contra aqueles que insistiam em afirmar que Ele existe só para iludir ou confortar o coração dos desesperados. Que dissessem a todos a verdade, ainda que doesse, era bem melhor do que a ilusão.

Se Deus realmente existisse, como pregam, não haveria de ter deixado a pequena Vitória e tantas outras crianças naquelas condições tão deploráveis. Muito menos deixar morrer quem tanto amamos.

Seus pensamentos foram dispersos ao avistar uma nova estrela cadente riscando o céu. Que sorte, pensou Geórgia, ver mais uma em tão pouco tempo. Lembrando-se das sábias palavras de Ângelo naquela tarde, decidiu fazer um pedido em prol de um mundo melhor para todos... Que cuidassem bem do planeta como um pai amoroso cuida de um filho.

Quando chegou às proximidades da pracinha, Geórgia avistou Ivan sentado no mesmo banco de alvenaria que estava sentado quando Ângelo a apresentou a ele.

– Como vai? – perguntou ela assim que se aproximou dele.

Os olhos do homem demonstraram surpresa por vê-la ali.

– Que noite linda, não? – continuou ela.

Ivan manteve-se em silêncio e Geórgia não se deixou intimidar, continuou:

– Foi maravilhoso o passeio esta tarde no morro. Seu filho é um encanto de rapaz.

O homem continuou quieto. Percebendo que ele não queria papo, ela achou por bem se retirar.

– Já me vou. Foi bom revê-lo.

Ao dar-lhe as costas, a voz de Ivan a deteve:

– Você sofre tanto quanto eu. Não é mesmo?

Ela voltou o olhar para ele e, com sinceridade, respondeu:

– Sim.

Os olhos de ambos ficaram presos um no outro até ele voltá-los na direção do mar e perguntar:

– Qual é a razão para haver tanto sofrimento nesta vida?

Geórgia foi sincera mais uma vez ao responder:

– Eu me faço a mesma pergunta todos os dias.

Ele, pensativo, respondeu:

– Deve ser somente para nos convencer de que a vida não vale a pena. Criar dentro de nós um desejo louco de querer nos livrar de tudo isso aqui, por meio da morte, o quanto antes. Para que ela triunfe no final, mostre à vida que é bem mais poderosa que a própria vida, pois dela ninguém escapa.

Geórgia, enxergando outra realidade, opinou:

– Mas a sua vida ainda vale a pena, Ivan, pois você tem um filho maravilhoso. Capaz de salvar um jovem da morte por afogamento. Capaz de mudar para esta cidade por sua causa, para ajudá-lo a se recuperar, porque você é muito importante para ele.

Os olhos de Ivan marejaram. Ela acrescentou:

– Pense nele, reaja por ele. Ele gosta muito de você.

Subitamente, por algum motivo obscuro, ela sentiu vontade de chacoalhar aquele homem e dizer-lhe: "Acorda, reaja, viva! Você precisa viver, tem um filho lindo que precisa de você, que faz tudo por você! Viva, reaja, desperte novamente para a vida!"

O mais curioso naquilo tudo foi perceber que tudo aquilo que ela diria para aquele homem, deveria ser dito para ela também. Um lado seu, no fundo, queria fazer o mesmo com ela, fazer uso das mesmas palavras para que pudesse dar uma nova chance à vida, a si mesma, a Deus.

"Acorda, reaja, viva! Você precisa viver, Geórgia. A vida precisa de você! Senão, não estaria aqui. Viva, reaja, desperte novamente para a vida!"

– Bem... – murmurou Geórgia ressurgindo de seus pensamentos –, eu já vou indo. Foi muito bom reencontrá-lo. Boa noite.

Ivan se manteve calado, ela não se surpreendeu. Já esperava por aquilo. Passo a passo de volta para a casa, a mente de Geórgia foi invadida novamente pelas recordações do passeio ao morro, na companhia de Ângelo e Vitória. Há tempos que não se via em tão boa companhia. E aquilo era bom, muito bom de sentir.

Quando passava mais uma vez em frente à casa do casal que reagiu tão estranhamente ao saber que era sobrinha de Maila, ela pode vê-los através da larga janela que emoldurava a frente da casa, ambos sentados no sofá, ela tricotando e ele mergulhado num bom livro.

Enquanto os observava, a pergunta que não queria calar dentro de Geórgia se repetiu mais uma vez: Por quê? Por que eles não gostavam da tia, se ela era tão amada por todos, nunca fizera mal a uma mosca, por que haveriam eles de tê-la como algo nocivo, como se ela fosse o próprio demônio? O que teria feito de tão grave para que eles odiassem até mesmo seus familiares?

Para lembrar sua mais nova amiga que o passeio deveria continuar, Jeremias latiu e seu latido despertou a atenção da moradora da casa. Quando ela avistou Geórgia parada na calçada, olhando para ela e o marido, a mulher imediatamente fez uma careta como quem faz quando se aborrece profundamente com algo. Deve ter chamado a atenção do esposo, pois ele se virou naquela direção a seguir, saltou de onde estava sentado e fechou as cortinas bruscamente.

Geórgia se viu mais uma vez não só indignada com a reação do casal, mas diante da pergunta que não queria se silenciar dentro dela. Parecia até que ela mesma era o próprio demônio que devia ser rechaçado a qualquer custo.

O jeito era procurar se esquecer daquilo para não se aborrecer mais. O casal poderia ser um daqueles velhos senis, cheios de esquisitices e, por isso, reagira como reagiu.

Retomando seu caminho, ela se lembrou da visão que tivera na noite anterior. A impressão de que havia alguém na sacada da casa. Mas tudo não passara mesmo de mera impressão. Certamente, uma sombra a balançar com a brisa. Todavia, naquela noite, olhando na mesma direção, não havia sombra alguma por lá que lhe desse a impressão de ter alguém ali. Fosse o que fosse, havia deixado de existir de um dia para o outro.

Assim que chegou a casa, Geórgia tomou um chá e se jogou na cama. Estava exausta, dormiu como um bebê. Esquecera mais uma vez de tomar seu antidepressivo, também, com um dia tão agitado...

Jeremias dormiu, logicamente, ao pé da cama...

Lá fora, sombras se mexiam ao luar intenso e magnífico da noite.

Capítulo 9

Manhã do dia seguinte, domingo...

Logo após o almoço, Geórgia não resistiu à tentação de se aconchegar na rede e tirar um cochilo. Jeremias a acompanhou, como sempre, esparramando-se pelo chão perto da rede e entregando-se ao mundo dos sonhos com uma facilidade surpreendente e invejável para os que sofrem de insônia.

Geórgia cochilou, serena, quando ouviu o cuco cantar três vezes. Seu canto, no entanto, não a estimulou a despertar. Queria ficar ali, por mais tempo, mergulhada nos sonhos que há muito não a visitavam com tanto prazer.

Meio minuto depois, o cuco novamente soou três vezes, ela podia jurar que ele já havia feito aquilo minutos antes a não ser que tivesse sonhado, sem querer entender, Geórgia procurou voltar a dormir.

Novamente o cuco soou três vezes. Só nesse momento é que ela percebeu que não se tratava do cuco e, sim, da campainha. Alguém estava tocando a campainha da casa. Deveria ser ele, o advogado, que finalmente regressara de sua viagem e a procurava.

Geórgia imediatamente saltou da rede e desceu, ajeitando o cabelo e a roupa enquanto se dirigia para o portão.

140

Ao abri-lo, encontrou um casal, ainda jovem, cerca de trinta anos parado ali. Ela procurou sorrir e disfarçar a surpresa, jamais pensou que o advogado fosse tão moço.

– Dr. Fernando?

O visitante cerrou a sobrancelha sem entender.

– Gostaríamos de falar com Dona Maila, ela está? – perguntou a seguir.

Geórgia procurou imediatamente disfarçar o desapontamento que sentiu por descobrir que não se tratava do advogado. Firmando a voz, respondeu:

– Infelizmente, Dona Maila faleceu.

A decepção e a tristeza que se espalhou no rosto do casal foi notável.

– Meus pêsames – murmurou a moça, desconsolada.

Geórgia assentiu com o olhar.

– É uma grande perda – comentou o moço a seguir.

Geórgia apenas emitiu um sorriso condescendente. Após um breve momento de silêncio, a visitante perguntou:

– E quem recebe por ela?

– Correspondência? – indagou Geórgia sem muito compreender.

– Não – acudiu a mulher – seus amigos...

– Ninguém – respondeu Geórgia prontamente. – Estou aqui só de passagem, em breve a casa será vendida.

– Que pena! – lamentou o casal, em uníssono. – Sentiremos muito a falta de Dona Maila, bem como de todos...

O casal estava visivelmente desapontado, observou Geórgia.

– Viemos de tão longe para vê-la, não faz ideia... – explicou a moça –, bem, será que poderia, pelo menos, mostrar ao meu marido um de seus quadros...

– Quadros? – estranhou Geórgia.

– Um dos quadros pintados pela Dona Maila. Ele ainda não teve a oportunidade de vê-los pessoalmente.

– Creio, infelizmente, não ser possível – respondeu Geórgia, pensativa –, pois não mais há nenhum quadro assinado por minha tia pela casa. Os que restaram são de outros pintores.

– Que pena... – lamentou a moça. – Bem, nós já vamos indo. Desculpe-nos pela amolação. Passar bem...

– Passar bem...

Geórgia fechou o portão, pensativa, estava surpresa com a revelação obtida há pouco. Jamais poderia supor que a tia fosse conhecida por pintar quadros... O mais surpreendente naquilo tudo era perceber que apesar de ela ser, ao que tudo indicava, uma exímia pintora, ela não gostava de suas obras, caso contrário, teria em sua casa pelo menos algumas delas e não de terceiros como havia por todas as paredes dali.

Já ouvira falar a respeito de artistas que não gostam de ficar com suas pinturas após terminá-las, mas jamais pensou que fosse verdade.

Depois de breve reflexão, Geórgia chegou à conclusão de que, talvez, não houvesse nenhum quadro de Maila por ali, porque ela os vendia, sim, deveria ser um outro meio de sustento.

Parando diante de um dos quadros pendurados na parede, observando-o atentamente, Geórgia se perguntou se a tia pintava seus quadros a óleo ou à aquarela. Ficou curiosa para saber, bem como para ver um deles. Quem sabe Dona Jurema não teria um para lhe mostrar, perguntaria a ela assim que possível.

Geórgia estava mais uma vez surpresa com a tia, cada dia mais uma descoberta a seu respeito, sempre uma novidade e, novamente, sentiu vontade de conhecê-la mais intimamente. Que pena, que pena que aquilo jamais poderia acontecer, pois ela estava morta.

Já que havia se levantado, Geórgia resolveu terminar de descer os pertences da tia para fazer as doações.

Restara no guarda-roupa de seu quarto, apenas o seu porta-joias, um daqueles que quando se abre, ergue-se uma bailarina de plástico que dança ao som de uma música.

Diante dele, Geórgia voltou a um passado longínquo, quando completou seus quinze anos de idade e ganhou um porta-joias semelhante. Um presente que ficou para sempre guardado na sua memória.

Ela ainda podia se lembrar, com nitidez, quando dançava ao som do porta-joias como se fosse a própria a bailarina. Uma pena que o objeto se perdera entre as mudanças de casa que fez. Uma pena!

Seus olhos então se prenderam novamente à caixa de papelão que havia no guarda-roupa. Até então ela não havia visto o seu conteúdo. Toda vez que tentava um arrepio esquisito a fazia desistir. Mas desta vez, ela decidiu ir em frente. Pegou a caixa, pôs em cima da cama e a abriu com certa precaução.

Havia cartas ali, muitas cartas. Sem envelopes. Sem saber ao certo o porquê, Geórgia respirou aliviada.

Naquele fim de tarde, antes de sair para dar sua volta habitual com Jeremias, Geórgia se encontrou com Dona Jurema.

– Há uma caixa de papelão bem grande e bem antiga que está dentro do guarda-roupa da minha tia. O que devo fazer com ela?

O comentário pareceu pegar Dona Jurema desprevenida, ligeiramente tensa, ela respondeu:

– Deve ser a caixa onde Maila guardava suas recordações...

– São cartas – explicou Geórgia.

– Cartas?! – pareceu estranhar a mulher. – Você leu alguma delas?

– Não. É lógico que não.

A mulher parecia agora mais aliviada.

– Não se preocupe, eu cuido dela depois para você.

Soprando o ar dos pulmões, a mulher mudou de assunto:

– Você ainda pretende vender a casa?

– Sim, apesar de estar me simpatizando um bocado com ela. Há um fato inegável a seu respeito, ela nos faz sentir muito bem com o passar do tempo, parece haver uma energia dentro dela, algo...

– Vindo do Além? – arriscou a mulher.

– S-sim... Algo vindo do Além – concordou Geórgia, pensativa.

Dona Jurema riu e pediu licença para entrar, admitindo que estava apurada para ir ao banheiro.

Aos latidos de Jeremias, Geórgia seguiu caminho. O passeio ao lado de Vitória e Jeremias aquela tarde havia sido, mais uma vez, muito agradável. Os três voltavam para casa quando a pequena Vitória comentou:

– Veja! O morro ficou coberto de nuvens, de repente, é sinal de que vai chover logo mais.

Dito e feito, à noite desabou um temporal, como há muito não se via por ali. Para Geórgia seria mais uma noite em que ela haveria de se distrair com a leitura dos diários da tia. Todavia, isso só seria possível quando a luz voltasse.

144

Acabara assim que a chuva piorou. Por sorte, havia velas na casa e fósforo para acendê-las.

Era por volta das 21 horas e ela estava na sacada, observando a chuva, quando avistou um homem seguindo pela rua, trançando as pernas. Nisso um raio se deu e, com sua claridade, Geórgia pôde ver que o homem em questão era Ivan, pai de Ângelo. Ela imediatamente começou a acenar para ele, mas ele parecia não enxergá-la. Sem ver outra escolha, Geórgia desceu, abriu o portão, embrenhou-se na chuva e foi atrás dele.

– Ivan? – chamou ela.

Ele continuou andando, surdo aos seus chamados.

Ela agarrou firme no seu braço e tornou a falar:

– Ivan?!

Quando os olhos dele se encontraram com os dela, um leve sinal de reconhecimento transpassou por ambos.

– Ivan, sou eu, Geórgia, lembra-se?

Ele manteve-se olhando para ela sem reação.

– Moro naquele sobrado – acrescentou ela apontando na direção da casa. – Venha comigo, se continuar tomando essa chuva acabará pegando uma pneumonia.

Ele continuou sem reação. Ela decidiu então puxá-lo pela mão, mas ele rapidamente endureceu o corpo. Ela voltou-se para ele e, mirando fundo nos seus olhos, pediu:

– Por favor, venha. Eu o ajudo. Será melhor para você.

Talvez tenha sido o seu jeito doce de falar ou, um breve momento de lucidez que raiou no interior daquele homem embriagado que fez com que ele acabasse atendendo a sua sugestão, quase um apelo.

Assim que os dois se viram no interior da casa, Geórgia tratou imediatamente de arranjar uma toalha para Ivan se enxugar e algumas peças de roupas masculinas, provavelmente do tio, que havia encontrado num dos guarda-roupas para ele vestir. Enquanto ele se vestia, ela preparou um chá para ele tomar, o qual só foi bebido, depois de muita insistência.

– Beba, você vai se sentir melhor.

Após muito lutar contra a ideia, Ivan acabou aceitando a sugestão. Um minuto depois, começava a dar sinais de melhora, parecia mais lúcido e revitalizado. Geórgia então lhe fez a pergunta que queimava em sua garganta desde que o encontrara naquele estado:

– Você não se importa mesmo com o seu filho, não?

A pergunta mexeu seriamente com o homem, percebeu ela.

– Se você se importasse tanto quanto ele se importa com você – continuou ela, seriamente – você se esforçaria pelo menos um pouco para não lhe causar tanto problema.

A resposta de Ivan a surpreendeu:

– Por que devo me importar com ele, se daqui um tempo, dentro de muito pouco tempo, ele vai seguir o rumo da vida dele, assim como eu segui o meu quando cheguei à idade dele? Quando essa hora chega, os pais são postos de lado pelos filhos, postos em segundo, terceiro, quarto planos; quando não são esquecidos totalmente...

– Eu duvido muito que Ângelo faça umas coisas dessas com você. Ele o ama profundamente. Foi capaz de largar a cidade onde tanto gostava de morar para ajudá-lo a se livrar da bebida, capaz até mesmo de sacrificar o seu namoro em prol da sua recuperação. Ele, definitivamente, não merece o que você está fazendo com ele, nem você tampouco o que faz consigo mesmo.

O homem se agitou em protesto:

– Eu quero beber, poxa, por que não me deixam beber? Eu não me incomodo de beber, são os outros que se importam com isso. Para mim está tudo bem se eu beber até cair.

Geórgia, num tom ponderado, opinou:

– Você sabe, não sabe, que se continuar a beber assim em breve vai morrer? É por isso que Ângelo quer vê-lo livre do alcoolismo, porque não quer perdê-lo, quer sua companhia, porque você é importante para ele. Inverta os papéis, coloque-se na posição do seu filho, imagine o que é amar um pai e vê-lo se destruindo com a bebida, sem se importar com a sua pessoa, com a falta que vai fazer na sua vida.

O silêncio pesou entre os dois. Só se quebrou quando Geórgia perguntou:

– Eu gostaria muito de saber o que você sente quando bebe, Ivan.

– Eu sinto coisas que não sinto, enquanto estou sóbrio. A bebida me permite me expressar melhor, tornar a vida mais colorida, afugenta a tristeza, a frustração, a saudade, o desamor...

– De que vale ganhar esses minutos de "prazer", entre aspas, se o preço que paga depois é tão humilhante? Ofende e machuca quem tanto o ama. Faz com que perca o controle sobre si mesmo, acabe com o que conquistou com o suor do seu trabalho, torne a sua vida um caos emocional, não só para si, mas para quem o ama.

A bebida pode lhe dar prazer, torná-lo surdo e cego para frustrações e fraquezas... Libertá-lo disso que tanto o incomoda, mas é tudo temporário, tudo ilusão...

Ivan respirou fundo e confessou:

– Se quer saber... Bebo para me esconder de mim mesmo. Da vergonha que sinto por ser assim, fraco diante de uma bebida. Bebo também pela vergonha que sinto de ser quem sou diante do meu filho, das pessoas, da sociedade... Por não ser o que eu gostaria de ser, por não ter conseguido manter o meu casamento, para me esconder das minhas frustrações, que me esmagam, muitas vezes, de dor e revolta. Bebo para fugir de quem fui, de quem sou, do que estou me tornando.

– Não posso condená-lo Ivan, antes de vir parar aqui, nesta cidade, eu me encontrava completamente desolada com a vida, sem interesse algum de continuar existindo, perguntando-me a cada cinco minutos o porquê de eu permanecer viva depois de tudo que passei. Por isso eu sei muito bem como se sente, no entanto, desde que cheguei aqui pelas misteriosas mãos do destino, tenho sido obrigada a deixar de pensar nessa vontade de não querer mais continuar viva, porque tenho descoberto o quanto ainda posso ser necessária para as pessoas.

– Eu gostava muito de trabalhar... Agora, não tenho forças para trabalhar.

– Ninguém tem, Ivan, não, bebendo constantemente. Viver sem trabalho é altamente prejudicial, pois o ser humano sem trabalho acaba se sentindo inútil, criando minhocas na cabeça. Como diz o ditado: cabeça vazia oficina do diabo.

Quem trabalha mal, acaba perdendo o emprego e se sentindo magoado consigo mesmo, o que só serve para prejudicar sua autoestima, fazer com que venha a querer afogar a mágoa na bebida.

Mas nenhuma mágoa pode ser realmente curada pela bebida alcoólica, que apenas faz a pessoa pensar que se viu livre da mágoa enquanto o álcool está agindo no seu sangue. Quando perde o efeito, a mágoa volta à tona, pois nunca deixou de existir, foi apenas encoberta, temporariamente, pelo efeito do álcool no organismo.

Com sua volta, quem bebe para afogar as mágoas se irrita ao perceber que elas continua ali e quer beber de novo para esquecê-la e, isso, acaba se tornando um ciclo vicioso, uma bola de neve que cedo ou tarde cairá sobre a sua cabeça.

Daí, a importância de procurar dissolver as mágoas sem ser por meio da bebida alcoólica ou da agressividade, pois tudo o que tentamos encobrir, cedo ou tarde, reaparece e com força redobrada.

Geórgia lembrou-se, naquele instante, do que um médico lhe contou a respeito dos remédios para dormir e antidepressivos. Eles, assim como a bebida alcoólica, serviam para nublar uma realidade que o paciente não aceita encarar, quando o efeito deles passa, o paciente se aborrece e se irrita ao perceber que o que o incomoda continua lá, não deixou de existir, foi apenas temporariamente apagado pelo efeito do remédio em seu organismo.

O paciente, assim, não vê a hora de repetir a dose para não ter de encarar a realidade e esse procedimento torna-se também um ciclo vicioso e, altamente prejudicial para ele, uma vez que, quanto mais os consome, mais efeitos colaterais adquire.

A vida parece ser um ser querendo que encaremos nossos problemas, com coragem tirada do âmago do nosso ser.

O médico tinha razão, percebia ela. Por mais que continuasse a tomar remédios, eles não mudariam os fatos de sua vida. Tornar-se-ia dependente deles até o dia que se dispusesse a encarar a realidade e aceitá-la como se tornara.

A verdade é que a vida nos pede sempre uma boa dose de aceitação. Quem aceita seu modo de ser, menos problemas enfrenta. Quem não aceita, mais problemas adquire.

Ivan deu a sua opinião:

– Se eu viver a maior parte do tempo embriagado, não terei de encarar minhas mágoas, frustrações, saudades e decepções. Se eu morrer, melhor será, pois assim me livro de todo esse mal o mais rápido possível.

Se Geórgia acreditasse em vida após a morte, poderia dizer a Ivan que ninguém poderia se livrar dos seus tormentos mentais, pois a vida não acaba com a morte, o espírito permanece vivo.

Diante do seu silêncio, Ivan olhou mais atentamente para ela. Após observá-la, calado, por alguns minutos, perguntou:

– Você não acredita em vida após a morte, não é mesmo?

– Por que, você acredita?

– Prefiro não acreditar. Porque se for verdade tudo o que se fala a respeito do que acontece conosco do lado de lá, o meu destino será queimar no inferno pela eternidade. Por isso, prefiro pensar que tudo isso que falam de vida após a morte foi criado para aliviar a saudade que se sente, quando se perde um ente querido, criada também para aliviar o nosso desespero ao saber que um dia iremos morrer, que da morte ninguém escapa.

– Eu já pensei nisso também. Minha tia, a dona desta casa, no entanto, escreveu algo em seu diário, algo que li ainda ontem e que me fez repensar a respeito de tudo isso. Ela disse:

150

A vida de cada um de nós nesse cosmos infinito é tal como a existência do sol e da lua no seu eterno processo de renascer todo dia sobre o planeta Terra. Quando o sol não está sobre nossas cabeças está do outro lado do planeta sobre a cabeça de outros. O mesmo ocorre com o espírito do ser humano, quando não está aqui, está do outro lado da vida, quando não está lá, é porque voltou para cá.

E muitos dentre nós, na sua limitada visão de vida, ainda encaram o espírito humano como os homens encararam o Sol e a Lua nos primeiros anos de vida sobre a Terra.

Para eles, o sol que se punha deixava de existir, o sol do dia seguinte era um novo. O mesmo com relação à Lua. Levou tempo para compreenderem que tanto o sol quanto a lua eram os mesmos de todos os dias.

Poucos ainda compreenderam que o homem que nasce hoje é o mesmo que já habitou a Terra anteriormente.

O mais comovente nisso tudo é notar que Deus leva o sol para o outro lado do planeta por ser necessário ao equilíbrio do próprio planeta, mas deixa a lua no seu lugar para que o céu não fique só, para que nós não fiquemos sós.

Em outras palavras, Ele nunca tira um, sem deixar o outro, nunca leva alguém sem deixar outro alguém para nos fazer companhia. Às vezes, até junta a lua e o sol ao mesmo tempo no céu, no chamado eclipse, para nos revelar que até estes dois encontros são possíveis. O mesmo com relação ao espírito. Junta encarnados com desencarnados para juntos elevarem o bem na Terra.

– Interessante... Pelo visto sua tia acreditava em reencarnação como os budistas.

– Cheguei à mesma conclusão depois do que li, mas nunca soube que ela havia mudado de religião, se bem que, tanta coisa muda em trinta anos que não descarto a hipótese de ela ter-se tornado budista nesse período.

– O que mais disse sua tia a respeito? – perguntou Ivan, agora mais interessado do que nunca.

Geórgia completou:

– Assim como podemos comparar nossas vidas com o processo do sol e da lua, podemos compará-la com as ondas do mar, que vêm e vão infinitamente. Mas que ao contrário do que muitos pensam, nunca morrem na praia, pois a água que forma as novas ondas é a mesma que formou as anteriores. Exatamente como é a vida do espírito no cosmos, infinita dentro de um eterno ir e vir, é feita do mesmo espírito.

Ivan opinou:

– Essa comparação é também muito bonita e comovente, e nos comove porque ninguém no íntimo quer morrer. Por isso o ser humano se apega a todas as teorias que afirmam que a morte não é o ponto final da nossa existência. Mas como vamos saber se o que dizem está certo? Ninguém consegue provar.

– Boa pergunta – afirmou Geórgia –, mas não creio que consigamos obter a resposta.

O semblante de Ivan mudou, estava agora mais alegre e descontraído.

– A gente quer também acreditar que a vida continua após a morte para não sofrermos diante da perda de nossos entes queridos, para acreditar que eles estão vivos por lá.

Geórgia concordou e completou:

– Depois desse texto, minha tia dizia que mesmo crendo na vida após a morte, ela sofreu e chorou muito com a perda de seus entes queridos e que isso é normal...

– Sem dúvida... Eu chorei muito quando perdi minha mãe. Foi um grande baque na minha vida.

– Fale-me dela... Como era?

Ivan se emocionou e falou:

– Minha mãe era tudo de bom para mim, para nós, eu e meus irmãos. Fiz o possível e o impossível para que ela só sentisse orgulho de mim, porém, morreu sem que eu tivesse tido a chance de lhe dizer "Eu te amo", algo que sempre deixava para depois. Ensaiei e ensaiei por diversas vezes, mas sempre deixei para um eterno amanhã.

Ele suspirou e com pesar, desabafou:

– Gostaria tanto, Geórgia, tanto que ela soubesse o quanto eu a amava, que eu pudesse ter lhe dito "Eu te amo!" de boca cheia.

– Eu o compreendo... Por isso se diz que não se deve deixar para amanhã o que se pode fazer hoje. Que se deve amar alguém como se não houvesse amanhã.

Ele aquiesceu, ela silenciou-se até perguntar:

– E para ele, Ivan? Você já lhe disse que o ama?

– Meu pai? – espantou-se Ivan, sem muito compreender.

– Não – respondeu Geórgia, seriamente. – Seu filho, Ângelo... Já lhe disse que o ama?

Ele mordeu os lábios e hesitou antes de responder:

– Não.

– Se protelar muito acabará perdendo a chance como perdeu com sua mãe.

Ele mordeu novamente os lábios e Geórgia num tom ligeiramente maroto, completou:

– Mas não creio que ame seu filho o suficiente para lhe dizer, olhos nos olhos: "Eu te amo."

– Como não? – exaltou-se Ivan. – Eu o amo, sim!

– Se o amasse pensaria um pouco menos em si, nos seu "problemas" e mais nele.

153

No minuto seguinte, Ivan pareceu avaliar aquelas palavras com redobrado cuidado.

– Desculpe-me – disse Geórgia a seguir –, não deveria ter dito isso.

Ele suspirou e confessou:

– Você tem razão, Geórgia, total razão. O meu egoísmo é tanto que me esqueço de enxergar além.

– Sabe... A vida é engraçada, às vezes... Tenho a sensação em certos momentos de que eu sou o filho e Ângelo o meu pai. Pois ele é tão responsável, tão centrado, diz cada coisa... Parece até que alguém lá em cima sabia que eu iria precisar de alguém forte ao meu lado aqui na Terra e, por isso, me enviou ele.

Ele riu e completou:

– Incrível, não? Como mesmo a gente descrendo de Deus, a gente acaba falando dEle o tempo todo, não é mesmo?

Ele riu, novamente.

A próxima pergunta de Geórgia foi:

– E quanto à sua ex-esposa, não sente falta dela?

– Já cheguei a sentir, não, agora. No começo, era um misto de saudade e ódio ao mesmo tempo, por ela ter-me abandonado, pedido o divórcio, acabado com o nosso casamento assim de uma hora para a outra. Hoje, no entanto, a compreendo melhor, não mais a recrimino pelo que fez, ninguém é obrigado a viver com um bebum, não é mesmo? Ela achou que merecia um marido melhor e foi atrás dele; talvez eu fizesse o mesmo se estivesse no lugar dela.

– Isso que você fez já é um grande passo, poucos se permitem chegar à conclusão que chegou.

– Acha mesmo?

Ela afirmou que sim, com a cabeça.

Novamente o silêncio tomou conta dos dois.

Novo raio se deu, dessa vez mais forte. A chuva pareceu piorar. A chama da vela, agora, balançava com mais intensidade por causa do vento. Ressurgindo do silêncio, Ivan levantou uma outra questão:

– Mas por quê? Por que Deus leva uns e deixa outros?

Geórgia lembrou-se nesse instante do que lera no diário da tia intitulado "A missão de cada um". E a seguir resumiu o conteúdo em sucintas palavras: "Quem parte é porque já cumpriu sua missão, quem fica é porque ainda não."

– Missão? Qual é a minha? Qual é a sua? Como podemos saber qual é a nossa missão?

– Minha tia diz, logo abaixo do texto que mencionei, que a missão de cada um de nós está em geral bem estampada diante do nosso nariz, que é tal e qual a felicidade que procuramos e, geralmente, está bem ao nosso lado, mas não percebemos por estarmos sempre atribulados de pensamentos confusos, procurando-a no lugar errado, por duvidar que seja tão simples e de tão fácil acesso.

– É verdade, a maioria das pessoas que encontra a felicidade relata mais tarde que ela esteve sempre ao seu lado, mas não percebiam por estarem sempre procurando por ela em lugares distantes.

– Bem, se a nossa felicidade está tão próxima de nós tanto quanto a nossa missão de vida, ainda assim, por mais que eu olhe ao meu redor não consigo identificá-las.

– Não creio que seja tão simples assim: bastou olhar ao seu redor que você as encontra. Deve ser preciso uma boa dose de concentração, meditação, espiritualização para encontrá-la.

– Antes do que me aconteceu, eu sabia muito bem qual era a minha missão de vida, depois...

– Talvez exista mais de uma missão para você cumprir, assim que você cumpre uma, surge a próxima.

– Talvez...

Nesse instante a vela se apagou.

– Onde está o fósforo? – perguntou Geórgia, percorrendo com a mão os arredores do sofá onde se encontrava sentada. Ivan fez o mesmo, mas sem resultado.

– Fiquemos no escuro – murmurou Geórgia sem ver outra escolha.

Novamente um raio se deu, dessa vez, bem mais forte que os demais até então.

– Ui! – arrepiou-se ela.

Ivan pousou a mão em seu braço na intenção de acalmá-la.

Ao mudar os pés de posição, Ivan sentiu algo esbarrar num deles. Levou a mão até o local e lá estava a caixa de fósforos. Riscou um e a vela foi novamente acesa.

Os dois ficaram olhando a vela por alguns segundos, fascinados pelo brilho místico que dela emanava.

– Sempre gostei de velas – comentou Ivan a seguir. – Sua luz deixa o ambiente mais aconchegante, a gente mais bonita, corada, viçosa...

– Eu também gostava até acontecer o que me aconteceu. Hoje, as velas só me fazem lembrar de coisas tristes, melancólicas e depressivas.

– Como tudo na vida, a vela também tem seu lado positivo e negativo. Quando usada sobre um bolo de aniversário nos traz alegria; quando num funeral, tristeza. Nos transmite paz e calmaria quando acesa num canto de um cômodo e, pesar, quando acesa num cemitério. Nos provoca arrepios quando posta numa encruzilhada e, magia, quando acesa dentro de uma igreja. Na noite de Natal é linda, na época em que não havia energia elétrica era fundamental... Pensando melhor, a vela tem lados mais positivos do que negativos.

– Curioso – murmurou Geórgia, pensativa –, não demos tanta importância para a vela até que ela se apagou. Isso me faz perceber, mais uma vez, que nós, a maioria de nós, só valoriza algo ou alguém quando o perde. A perda não só nos faz reconhecer sua importância em nossa vida como ativa dentro de nós a necessidade de tomarmos uma providência com relação a sua falta.

– Deve ser por isso que Deus criou a morte – opinou Ivan como um cientista que exclama "Eureca!". – Foi para aprendermos a dar mais valor à vida e não o contrário. Sem a existência da morte, não poderíamos jamais compreender o quanto o tempo presente é importante para nós, não lhe daríamos o devido valor e, consequentemente, não o aproveitaríamos da devida forma.

Deixaríamos para o amanhã, um eterno amanhã o que deveria ser feito hoje, coisas simples como dizer "Eu te amo" para quem se ama. Agradecer quem fez e faz muito por nós, igualmente. É o avanço do tempo e a existência da morte que despertam isso em nós. Em outras palavras, é muito importante que exista a morte. Ainda mais para aqueles que nascem em físicos deficientes ou se tornam inválidos no decorrer da vida. Imagine como seria torturante para uma pessoa ter de passar a eternidade presa a uma cama, por exemplo. A morte nesse caso é uma libertação!

Geórgia, balançando a cabeça em concordância, falou:

– Nunca havia observado a morte por esse ângulo, mas faz total sentido o que você disse, Ivan.

Pela primeira vez, Geórgia se viu grata a sua tia por ter lhe deixado aquela casa de herança, sem ela, não teria tido a oportunidade de estar ali ao lado de Ivan, chegando àquelas maravilhosas conclusões sobre a vida.

Diante do seu silêncio, Ivan perguntou:

— No que está pensando?

— Na herança que minha tia me deixou, se não fosse ela, eu não estaria aqui hoje ao seu lado, descobrindo tudo isso que estamos descobrindo. Estaria lá, presa dentro da minha casa, desejando, sem pudor algum, que a morte fosse me buscar.

Mas essa herança mudou a minha vida, Ivan, e o pior, continua mudando, se não fosse ela, eu não teria descoberto todas as coisas interessantes que venho descobrindo sobre a minha tia. Não teria conhecido a bela Vitória, propiciando-lhe todos os momentos agradáveis, não teria descoberto o quanto conviver com um cão pode ser maravilhoso...

— Não teria salvado o rapaz do mar – acrescentou Ivan.

— Sim, é verdade, havia me esquecido dele... Não teria também conhecido Ângelo e você, consequentemente...

— E juntos, eu e você, não estaríamos aqui descobrindo tudo isso. Incrível como uma coisa liga a outra, não?

— Sim, Ângelo comentou, ontem, quando fomos ao morro, algo muito interessante. Ele disse:

"Estamos todos interligados neste planeta e é por isso que os ecologistas batalham tanto para nos fazer compreender o quanto é importante para nós preservarmos a natureza, quando se a preserva, estamos no fundo preservando a nós mesmos, pois como disse, estamos todos interligados e dependemos de tudo que nela existe.

Somos no fundo feito de todos e de tudo. Somos no fundo partes de uma mesma alma... Somos no fundo uma só alma!".

Os dois se silenciaram mais uma vez, cada qual apreciando suas conclusões de uma forma íntima diferente. Passou-se meio minuto até que Geórgia admitisse:

– Acabo de perceber que minha missão de vida ainda não está mesmo terminada. Há algo muito importante ainda a ser feito e que depende inteiramente de mim. Incrível como não percebi isso antes.

– A-ha!

– Sim, percebo agora que há algo que quero muito fazer e que não sossegarei enquanto não fizer. Preciso encontrar alguém para ficar com a bela Vitória. Salvá-la de um destino pior do que ter de viver presa a uma cadeira de rodas, o destino de acabar só, sem ninguém para ampará-la. A avó já está muito velhinha para cuidar dela, além do mais não viverá para sempre... Quem irá cuidar da menina, então? Como ela vai se virar sozinha, presa a uma cadeira de rodas e sem dinheiro? Por isso, eu preciso fazer alguma coisa por ela e urgentemente.

Geórgia suspirou e concluiu:

– Interessante, não? Quando o ser humano encontra a sua missão de vida encontra, ao mesmo tempo, uma bela razão para viver ou continuar vivo... Encontra, consequentemente, a razão pela qual Deus ainda o mantém na Terra...

Ivan ficou pensativo por instantes, deixando Geórgia curiosa.

– No que está pensando? – quis saber ela.

Um tanto sem graça ele transformou em palavras sua mais recente conclusão:

159

– Se você tivesse abandonado sua missão, como tanto quis, você não estaria me propiciando este momento tão agradável de agora, Geórgia. Há muito que não converso tão entusiasmado com alguém.

Geórgia sorriu, estava alegre por poder oferecer algo de bom a um semelhante.

De repente, a vida, tão sem sentido para ela, fazia sentido. Não no todo, mas em muitas partes dela. Talvez um dia todas as partes fariam sentido e, tudo poderia ser encaixado tal como as peças de um quebra-cabeça que, no final, quando postas no lugar certo, formam uma linda ilustração. Sim, a vida era tal como um quebra-cabeça em que o ser humano vai tentando montá-lo ao longo do tempo.

Nos minutos seguintes os dois perceberam que a chuva dava seus primeiros sinais de trégua. Quando a luz voltou, Ivan avistou uma vitrola, uma das primeiras a chegar ao país.

– E aquela vitrola funciona? – perguntou, curioso.

– Eu não sei. Nunca a liguei.

Ele caminhou até lá e após fuçar ali e acolá descobriu que o aparelho ainda funcionava. No móvel sobre o qual a vitrola estava apoiada havia uma pilha de discos de vinil. Dentre eles, orquestrados, uns muito bons, observou após olhar um a um.

– Sua tia tinha bom gosto para música e, deveria ouvir seus discos com assiduidade, pois a agulha está novinha em folha.

Voltando-se para Geórgia, Ivan perguntou:

– Importa-se se eu puser um disco para tocar?

– Fique à vontade – respondeu ela, apreciando a ideia.

Assim que o disco começou a ser executado, Ivan estendeu a mão para Geórgia e a convidou para dançar. Ela, a princípio, recusou, tamanha a timidez. Ele não aceitou sua recusa, continuou com a mão estendida na sua direção, aguardando que suas defesas fossem ao chão. Por fim, ela acabou cedendo. Que mal tinha dançar um pouco? Dançar nunca matou ou feriu alguém...

Os dois atravessaram os minutos seguintes dançando como dois colegiais num dos bailes da escola. Dois pra lá, dois pra cá, *cheek to cheek*...

Os ouvidos de Jurema eram tão apurados que mesmo fechada dentro de sua casa, ela pôde ouvir a música sendo tocada pela antiga vitrola de Maila. Ela foi até a janela de onde podia avistar a parte superior do sobrado envolto apenas pela luz do abajur e se deixou invadir pela melodia e pela voz gostosa do cantor.

Voltaram então a sua lembrança os dias em que sua boa e velha amiga Maila punha os seus discos favoritos para ouvir ou dançar com o bom e velho Theodoro, como faz um casal apaixonado. Esse era um dos segredos do sucesso do casamento dos dois, acreditava Jurema, jamais terem perdido aquele romantismo à moda antiga que faz tão bem para um casamento.

Jurema sorriu e disse em voz alta:

– A casa está voltando a ser como era, Maila, cheia de vida, de amigos, de paz, harmonia, amor e Deus. Sei que você ainda está aí, pois continua despertando naqueles que entram na sua casa o gosto por viver. Que Deus a abençoe mais uma vez, querida amiga... Que Deus sempre a ilumine.

A música, a voz do cantor contrastando lindamente com a orquestra e, mais a dança desligou Geórgia e Ivan de tudo mais que os cercava, até de si próprios.

---

*De rosto colado (Nota do Autor).

Jeremias assistia aos dois dançando, com seu rabo, volta e meia, balançando.

Quando voltaram à realidade o disco já terminara de tocar o lado. Ele sorriu, contente, para ela, e ela, ainda que encabulada, retribuiu o sorriso.

Voltando-se para o canto da sala, Ivan quis saber o que era aquela grande caixa dourada que estava ali.

– Confesso que não sei, ainda não a abri – respondeu Geórgia.

– Posso? – perguntou ele, agachando-se diante da caixa.

– Lógico – concordou ela.

Ao abrir a caixa, Ivan indagou:

– O que é isso? É algum tipo de brinquedo?

Só então Geórgia percebeu o que era.

– Deve ser a caixa de mágicas do meu tio! Minha tia conta em seu diário que ele era mágico e que – ela riu – volta e meia errava os truques na hora de apresentá-los e, todos que assistiam a ele, acabavam descobrindo como os truques eram feitos e o show que era para ser de mágica acabava se tornando um show de humor.

Em meio aos apetrechos que eram guardados na caixa havia um caderno, ensinando como fazer os truques. Na certa escrito por Theodoro para que se lembrasse de como fazê-los, caso esquecesse.

O rosto de Ivan pareceu iluminar-se diante da descoberta. Parecia um menino que acabara de encontrar uma arca de tesouro. Geórgia teve, então, uma ideia: estimular Ivan a aprender a fazer os truques para preencher o seu tempo, ocupar sua mente ociosa, com algo saudável, e também para que Vitória pudesse assistir a um show de mágicas, algo que, com certeza, a alegraria muito.

162

– Por que não aprende os truques? – sugeriu ela, empolgando a voz.

– Eu? – estranhou Ivan. – Não tenho mais idade para isso!

– Que bobagem, os grandes mágicos são adultos e não crianças. Além do mais, você aprendendo como fazê-las, poderá apresentá-las à pequena Vitória, propiciando-lhe um momento muito feliz de descontração.

– Acha mesmo?

– Certeza.

Ivan pareceu refletir por alguns segundos, por fim, concordou:

– Está bem. Só espero não ser um fiasco.

– Não se julgue antes de ter aprendido algo.

Ele concordou com um sorriso e confidenciou:

– É incrível, como nós nos menosprezamos, nos julgamos incapazes de fazer as coisas sem pelo menos termos tentado uma única vez, não?

– É isso aí.

Nova pausa, enquanto Ivan observava melhor os apetrechos de mágica.

– Bonita a caixa, não? – comentou ele, minutos depois. – Não se fazem mais caixas como essa hoje em dia... Essa deve ter no mínimo uns trinta anos.

– Sim – concordou Geórgia, gostando do interesse do seu mais novo amigo. – Há uma outra no guarda-roupa de minha tia. Se quiser ver...

Ele se levantou e acompanhou Geórgia até o quarto que fora de Maila. Diante da caixa, Ivan comentou:

– Essa também é muito bonita. O que há dentro dela?

– Correspondência... cartas...

– Cartas?

– Sim...

– Posso ver?

– Fique à vontade!

Ivan abriu a caixa em questão com mais cuidado, como se ela guardasse um grande segredo. Geórgia chegou a se inclinar para ver as inúmeras cartas, manuscritos e cartões que ela guardava.

– Carinhoso da parte de titia ter guardado suas cartas, não?

– Sim, sem dúvida – concordou ele, fechando novamente a caixa e devolvendo-a ao seu lugar. – Só viviam os dois neste casarão? – perguntou a seguir.

Geórgia concordou com a cabeça.

– Grande demais para apenas um casal, não acha?

Ela tornou a concordar.

– Bem, preciso ir – anunciou Ivan no minuto seguinte. – Ângelo deve estar super-preocupado comigo a esta hora. Obrigado por tudo o que fez por mim hoje, Geórgia. Obrigado mesmo. Sua companhia foi agradabilíssima.

– A sua também, Ivan.

Ele sorriu e os dois seguiram para o portão. Antes de partir, ele disse:

– Amanhã eu passo aqui para devolver-lhe a roupa emprestada e apanhar a caixa de mágicas.

– A roupa não tem pressa, na verdade se quiser ficar com ela, pode ficar. Como lhe disse, era do meu tio e eu estou doando tudo o que pertencia a ele e a minha tia.

– Está bem.

Ele estava prestes a atravessar o portão quando se voltou para ela e lhe deu um beijo no rosto.

– Boa noite – acrescentou um tanto acanhado.

– Boa noite, Ivan. Vá pela sombra.

Ele assentiu com um sorriso e partiu. Geórgia ficou observando-o. A menos de dez passos ele virou-se para trás e ao avistá-la, acenou. Um sorriso de menino despontou em seu rosto. Geórgia voltou-se para sua sombra, sua fiel sombra, chamada Jeremias que se mantinha prostrado ao seu lado e sorriu para ele. Ambos entraram e foram dormir.

Aquela noite havia sido mágica, observou Geórgia, jamais, em toda a sua vida pensou viver uma noite assim. O mais bonito foi descobrir que mágicas acontecem na vida real e, quando acontecem, não há truque algum por detrás delas... são mágicas reais.

Capítulo 10

Jurema acordou bem cedo no dia seguinte. Colheu um punhado de flores do seu próprio jardim e seguiu para o cemitério que ficava a poucas quadras dali.

Assim que chegou ao local, foi direto ao túmulo de Maila e depositou as flores num dos vasos que ficavam sobre ele. Foi difícil encontrar espaço para por as suas, uma vez que todos estavam repletos de flores. Jurema sorriu, pois aquilo era sinal de que muita gente ainda vinha visitando a amiga. Após fazer uma oração, ela pousou a mão sobre o tumulo e falou:

– Desculpe, Maila, por estar aqui mais uma vez. Sei que nos lembrou, inúmeras vezes, que aqui só repousa o corpo das pessoas que partiram para o plano espiritual, que não é preciso vir até aqui quando queremos falar com quem já se foi.

Que as pessoas que têm esse hábito, o têm por serem apegados à matéria, não conseguem pensar no espírito sem conectá-lo a sua parte física que foi deixada aqui.

Bem, você, mais do que ninguém sabe o quanto eu fui materialista e se ainda venho aqui, encare isso como uma recaída. Ninguém é perfeito, você sabe, você mesma nos lembrava disso.

Ainda me lembro do dia em que você me chamou a atenção com relação ao meu apego material e me fez compreender o quanto era tolo o meu comportamento. Com isso pude despertar para outras realidades da vida, mais reais, mais significativas, mais transformadoras. Obrigada querida, muito obrigada, mais uma vez.

Jurema respirou fundo antes de acrescentar:

– Quanto ao sobrado, Maila, bem, ele está regressando à vida como você sempre quis que acontecesse após a sua partida... Você precisa ver... Que bobagem a minha, é lógico que você vê, deve estar mais por dentro de tudo o que está se passando por lá do que qualquer um de nós.

Gostei muito de sua sobrinha, gostei de primeira, é um encanto de mulher. Ela ainda não sabe de nada a seu respeito, estamos mantendo tudo em segredo, exatamente como você nos pediu que fizéssemos, até que percebamos que ela esteja preparada, pronta para saber da verdade, de toda a verdade.

Se esse é, na sua opinião, o melhor modo para mantermos a casa, que assim seja. Só me pergunto se Geórgia não vai ficar chateada conosco quando descobrir que o advogado jamais saiu da cidade, que o imprevisto que ele teve de ir resolver jamais existiu, não passa de uma mentira. Bem, você deve saber o que está fazendo...

No entanto, ainda penso, e lhe falo, sem medo de ofendê-la, que se você queria tanto preservar a casa, por que não a deixou para um de nós, teria sido bem mais fácil de mantê-la do jeito que você tanto quer, não estaríamos precisando fazer tudo o que estamos fazendo para preservá-la. Por mais que eu tente, não consigo compreender o porquê de você mudar de ideia na última hora.

Nova pausa, novo suspiro. Os olhos de Jurema estavam cheios d'água quando ela acrescentou:

– Ainda sentimos imensamente a sua falta, querida. Todos nós. Espero que esteja bem, rezo por isso todas as noites... Por mais que tenha nos falado sobre a vida após a morte, ainda é muito difícil para nós, todos nós, lidarmos com a perda de alguém que amamos tanto.

Em seguida, Jurema jogou um beijo com a mão em direção ao túmulo e levantou-se de onde se encontrava sentada sem fazer grande esforço. Algo inusitado para uma senhora daquela idade. Sorriu e acrescentou:

– Vê, menina, como ainda estou cheia de vigor? Graças a você, Maila, mais uma vez tudo graças a você, por ter-nos estimulado a cuidar devidamente do nosso físico. Por ter nos feito compreender que os cuidados para com ele são tão importantes quanto para com o nosso lado espiritual. Pois dependemos desse físico enquanto na Terra estivermos para cumprir nossa missão de vida, estender a mão ao próximo, ser os braços e pernas de Deus.

Jurema jogou novamente um beijo com a mão na direção do túmulo e partiu. Nem bem ela deu as costas para o local, dois passarinhos pousaram ali e começaram a brincar descontraidamente um com o outro, tendo o lugar como um outro qualquer, bonito e agradável de se estar. Bem diferente de como nós, humanos, o encaramos.

A descoberta de que ela ainda tinha uma missão de vida em suas mãos fez Geórgia acordar diferente naquela manhã de segunda-feira, mais disposta e entusiasmada com a vida.

Agora, não era somente Jeremias quem precisava de um lar, Vitória também e ela haveria de encontrar um e dos bons para cada um deles.

Assim que voltou do passeio com Jeremias e Vitória àquela manhã, Geórgia aguardou com certa ansiedade pela chegada do advogado, ele certamente haveria de procurá-la naquele dia, afinal, já havia se passado quase uma semana desde que ela chegara ali. No entanto, a manhã passou e nada de ele aparecer.

Havia acabado de almoçar quando a campainha tocou e Geórgia correu para atender o portão, crente de que era o advogado tão aguardado. Engano, mais uma vez. Era Ivan quem estava ali, acompanhado de Ângelo.

– Boa tarde! – disseram os dois em uníssono.

– Boa tarde, entrem, por favor.

Ao vê-los, Jeremias correu na direção de Ângelo.

– Vim buscar a caixa – disse Ivan, a seguir.

Enquanto ele subiu para apanhá-la, Ângelo comentou ao pé do ouvido de Geórgia:

– Meu pai gostou muito de ter conversado com você ontem. Há tempos que não o vejo assim tão empolgado.

– Eu também gostei muito da sua companhia.

Quando Ivan desceu, ele trazia nas mãos a caixa com os apetrechos mágicos e as roupas úmidas que havia deixado no banheiro.

– Aproveitei para apanhar minha roupa – disse ele.

– Ah! – exclamou Geórgia dando um peteleco em sua própria testa. – Esqueci-me dela completamente.

Os dois partiram, deixando Geórgia com um sorriso bonito na face.

Naquela tarde, após a sesta, Geórgia encontrou guardado em uma das gavetas do armário da cozinha, um caderno todo escrito com a caligrafia da tia. Falava sobre alimentação sadia.

Ela leu tudo com atenção em meio a exclamações e sorrisos. Gostava do modo como Maila expunha suas ideias, ideias que ela parecia ter colhido no jardim da sabedoria humana. Geórgia sentiu mais uma vez vontade de dividir tudo o que ela dizia ali, com Ivan. Desejou que ele passasse por lá à tarde como lhe prometera, para levar Jeremias e Vitória para passearem com ela.

Nem bem o pensamento se concluiu na sua cabeça, Ivan tocou a campainha de casa.

– Você não morre mais – exclamou Geórgia. Ao vê-lo, imediatamente o puxou para dentro.

Ele entrou espantado com a sua reação. Ela estava tão eufórica para lhe contar o que havia lido que levou um bom tempo para perceber que ele havia aparado o cabelo, feito a barba e, com isso, remoçado quase vinte anos.

– Poxa! – exclamou ela maravilhada. – Você ficou ótimo com esse corte de cabelo e a barba feita.

– Obrigado. Parece eufórica para me contar algo, o que foi?

– Encontrei este caderno com anotações de minha tia.

– Outro?

– Sim. Senta aqui – pediu ela indicando-lhe uma das cadeiras em torno da mesa.

Ele a olhava agora com certa ansiedade, tal qual ela estava para lhe falar.

– Neste caderno – começou Geórgia empolgada –, minha tia fala somente sobre o poder da alimentação com relação ao corpo e à mente. A certa altura, ela diz que todo alcoólatra pode optar por beber água mineral toda vez que sentir vontade de beber, pois o consumo de água em grande quantidade oxigena o cérebro e essa oxigenação proporciona ao indivíduo quase o mesmo prazer que obtém, ao se alcoolizar. Só que, dessa vez, sem os efeitos nocivos do álcool.

Ivan riu, como quem duvida.

– Podemos testar na prática antes de duvidar, o que acha? – sugeriu ela, com tato.

Ivan fez uma careta, como quem diz: "sim, podemos, por que não?"

– Falando em água – comentou Ivan com bom humor –, acho que passei a substituir os copos de água que eu deveria beber ao longo do dia por copos de bebida alcoólica...

Os dois riram. Geórgia começou a ler o que Maila escrevera no caderno. Ao término, Ivan estava intrigado.

– O que era sua tia, afinal? – perguntou. – Uma filósofa?

– Não sei. Pouco a conheci, mas por suas anotações ela deveria ser muito inteligente.

– Sem dúvida.

Ele coçou atrás da orelha e comentou:

– Que estranho, vocês tinham pouco contato e, mesmo assim, ela lhe deixou a casa de herança.

– Nem fale, por mais que eu tente encontrar uma explicação para o seu gesto não consigo. Havia tantas outras pessoas mais próximas dela, que a amavam tanto, que não faz sentido ela ter deixado a casa para mim. Além do mais, não nos falávamos há mais de trinta anos, nem sei como ela pôde se lembrar do meu nome correto. É um mistério...

– Idosos têm suas esquisitices, essa pode ter sido uma delas.

Geórgia concordou. Nisso, Jeremias latiu, lembrando aos dois que estava mais do que na hora de levarem-no para passear.

171

– Calma aí, meu rapaz, já estamos indo! – falou Geórgia, seguindo em busca de sua coleira.

Minutos depois, os três seguiam a caminho da casa de Vitória, relembrando trechos da infância e adolescência. Conversavam tão descontraidamente um com o outro que pareciam amigos de longa data.

A expressão de Ivan ao ver Vitória, sentada na cadeira de rodas, sendo empurrada até o portão pela avó, foi marcante. Foi como se a cor tivesse desaparecido do seu rosto. Ele ficou literalmente branco. E sentiu pena ao ver a menina submetida a viver naquela cadeira de rodas se quisesse se locomover ao longo da vida. Ele quis chorar, mas fez o possível para reprimir o choro, sabendo que não ficaria bem derramar lágrimas na frente da menina.

– Quer dizer que o senhor é o pai do Ângelo? – falou Vitória, despertando Ivan do baque. – Que legal, muito prazer! Eu gosto muito do Ângelo, ele é muito bacana.

Ivan procurou sorrir para ela, mas seu sorriso não passou de um mero esboço. Seu queixo tremia, de emoção e pena.

Na praia, Ivan começou a ziguezaguear a cadeira com a menina, provocando risos nela e grande euforia. Jeremias corria atrás, latindo, feliz. Foi um dos momentos mais alegres já vividos pelos três, ou melhor, quatro.

Ao avistarem o pôr do sol, Ivan comentou:

– Lembrei-me, agora, da comparação que Maila fez entre o espírito, o sol e a lua...

– É verdade... Maila, pelo visto, tinha o dom de dizer coisas que gravam em nossa mente e nos fazem sempre refletir... Deve ser por isso que todos dizem que ela era especial, apesar de dizer que todos somos.

Pelo caminho de volta para casa, Ivan mergulhou num profundo silêncio. Sabendo de que nada era melhor do que o silêncio para concatenar melhor as ideias, pôr os pensamentos em ordem, Geórgia se aliou ao silêncio dele.

– Estava pensando em Vitória, sabe... – disse ele, despertando minutos depois. – Ela é tão linda, tão viva, presa a uma cadeira de rodas e eu, podendo andar, esculachando com a minha vida, enchendo a cara todo dia... Que injusto da minha parte, não? Quem não quer a vida, quem não se importa com ela é que deveria ficar no lugar dela.

– A vida tem mesmo suas contradições... Mas bola pra frente, Ivan. Isso que você descobriu hoje, pode ser um passo importante na sua vida, para uma mudança positiva.

– É... Você tem razão.

Assim que chegaram a casa, Ivan pegou o violão que Geórgia havia encontrado guardado num dos quartos e se pôs a dedilhá-lo. Meio minuto depois, perguntou:

– Importa se eu tocar uma canção que fiz há algum tempo atrás?

– Lógico que não.

Se havia uma coisa que acalmava Geórgia mais do que um bom chá de maracujá, era ouvir alguém tocar um instrumento e cantar. A voz de Ivan era melodiosa e a letra de sua canção, muito bonita, dizia:

Estava em busca de mim
Como sempre, sempre em busca de mim
Até errar de caminho
E ir parar no seu olhar
Também sozinho
Trilhando um caminho pra se encontrar...
Que sorte que errei de caminho

Que sorte, diz você, por ter ficado sozinho...
Que sorte...
Nada nunca mais foi o mesmo
Hoje sigo a vida em meio a beijos
Trechos dos poemas que você declama pra me encantar
Todo dia como se a gente tivesse acabado de começar a namorar
Beijos, desejos que me fazem voar além do sol, além do amor
Além de nós, além dos sóis... Além da dor...
Que sorte que errei de caminho
Que sorte que te deixaram sozinho...

– Qual é o nome da canção? – perguntou ela, quando ela terminou.

– "Sorte" – respondeu ele, com simpatia. – Toda vez que canto essas canções eu me recordo dos meus amigos. Dos tempos bons que passamos juntos...

Por falar em amigos, quais são os amigos que marcaram profundamente a sua vida? Que fizeram muito por você, que lhe surpreenderam?

As perguntas fizeram Geórgia viajar no tempo, indo de encontro aos momentos em que se surpreendeu consigo mesma, com as pessoas e, principalmente, com a vida.

Por quase duas horas, os dois ficaram ali entretidos com o violão, cantando. Em meio a alegria tomaram um café encorpado com pão e manteiga, presentes de Dona Jurema.

Depois que Ivan partiu, Geórgia foi até a casa da simpática vizinha lhe fazer uma visita.

– Querida, que surpresa agradável. Entre, vamos.

Girando o pescoço ao redor, Geórgia perguntou:

– Cadê a cachorrinha que a senhora diz que tem? Nunca a vejo com ela.

A mulher, um tanto sem graça, respondeu:

– Está com minha neta, atualmente, mas logo, loguinho, ela volta para casa. Então, a apresentarei a ela.

Geórgia assentiu.

– A casa da senhora é muito acolhedora.

– Obrigada. Agora me diga. O que a traz aqui exatamente?

Geórgia, em meio a um sorrisinho amarelo, falou:

– Encontrei este caderno da minha tia, nele...

A senhora a interrompeu:

– É, por acaso, o caderno onde Maila relata os cuidados para com a saúde?

– É, sim.

A simpática senhora contou-lhe, então, algo ainda mais surpreendente sobre a tia:

– Maila não só escrevia a respeito dos cuidados sobre saúde, mas incentivava todos a pôr em prática esses cuidados diários. Dizia também que muitas pessoas pensam ou são levadas a pensar que nada é mais importante do que cuidar do seu lado espiritual, que o físico não merece tanta atenção por ser um invólucro que abriga o espírito e que será descartado assim que vier a morte.

Apesar de ser verdade, ela lembrava a todos nós que o físico merecia tanta atenção quanto o nosso lado espiritual por ser o corpo, as mãos e pernas de Deus aqui na Terra; é por meio de nós que Ele pode chegar até o próximo e lhe estender a mão, é por meio do físico também que nós podemos cumprir a nossa missão, entre outras coisas positivas, portanto, não deve ser ignorado nem dada menos importância a ele.

Maila nos incentivava tanto a cuidar de nós fisicamente tanto quanto espiritualmente que chegou a formar um grupo da terceira idade com mais de 150 mulheres e homens para fazer caminhada e exercícios na praia três vezes por semana.

Ela nos pedia para observar as sensações de prazer e bem-estar que surgiam quando estávamos nos exercitando, pois essas sensações seriam de grande estímulo para nós.

Era lindo de se ver toda aquela gente passeando pela praia, fazendo exercícios, meditando e, até mesmo, abraçando árvores.

– Abraçando árvores?

– Sim, abraçando árvores, para nos lembrarmos de entrar em contato com a natureza, lembrando da importância dela em nossas vidas e, também, porque o abraço nos permitia sentir a energia que elas podem nos transmitir.

– E hoje, as pessoas ainda fazem isso?

– Infelizmente, poucos. A maioria parou desde que sua tia partiu. Maila era o grande estímulo para todos, algo que ela nos repreendia a respeito todos os dias. Ela dizia que cada um tinha de ser o estímulo de si próprio, para que, quando ela viesse a faltar, continuassem se estimulando a fazer tudo aquilo ininterruptamente.

Há, certamente, alguns membros da turma que ainda caminham e se exercitam, só que separados, não mais em grupo. Mas em grupo foi e sempre será mais estimulante.

Se você, por acaso vir alguém por aí abraçando árvores, saiba que foi Maila quem lhe ensinou. Se encontrar alguém meditando, saiba que foi ela também quem ensinou. Maila dizia que era muito importante que nós meditássemos.

Inclusive, ela chegou a fazer verdadeiras caravanas por diversas vezes para irmos até o topo do morro, local propício para a meditação. Eram momentos mágicos, inesquecíveis. Voltávamos de lá revitalizados.

– Minha tia, pelo visto, era uma mulher formidável...

– Sim. Formidável!

Fez-se uma breve pausa até que Geórgia conseguisse localizar em sua cabeça a pergunta que há muito queria fazer a Dona Jurema, mas que sempre esquecia quando se via diante dela.

– Há tempos que quero lhe perguntar e me esqueço, do que foi mesmo que minha tia faleceu?

A pergunta pegou Dona Jurema totalmente desprevenida, seus olhos arregalaram tanto que parecia que iriam saltar das órbitas. Seus lábios tremeram, mas nenhuma palavra conseguiu ser articulada.

– Espere um minuto, querida – disse a mulher, por fim. – Acho que a sopa que deixei no fogão está queimando.

Ao voltar à sala, a senhorinha abordou um outro tema e Geórgia partiu sem obter a resposta à pergunta que tanto queria saber.

Capitulo 11

Na manhã do dia seguinte, por volta das oito, Ângelo apareceu na casa, convidando Geórgia para ir assisti-lo surfar. O convite a pegou desprevenida, mas a deixou empolgada.

Somente depois de ela pôr a coleira em Jeremias e deixar o recado com Dona Jurema para que se o advogado aparecesse, que voltasse, por favor, à tarde, ela partiu, levando consigo, também, Vitória para assistir ao evento.

Pelo visto, até o sol queria ver Ângelo e os amigos deslizando sobre as ondas, pois acordou na sua mais plena forma física e astral. Imperava no céu majestoso, fazendo jus ao seu título de astro-rei. Ao se deparar com o sol, Geórgia teve a nítida impressão de que ele lera seus pensamentos e que sorria para ela tal como se fosse um ser vivo.

Voltando a atenção para Ângelo, ela observou que ele, como sempre, estava emanando vitalidade. Pelo visto, havia compreendido, desde muito cedo, a importância de cuidar bem do corpo em prol do equilíbrio físico e mental, pois era um assíduo esportista e um cuidadoso rapaz na hora de escolher os alimentos para nutrir seu físico.

Foi diante dessa constatação que ela se deu conta, pela primeira vez, de que muitos jovens já nasciam conscientes da importância de cuidar bem do corpo. E diante do fato se perguntou: por que uns nascem mais cientes que os outros a respeito daquilo que é benéfico para o seu equilíbrio físico e mental?

Nem a ciência podia explicar aquilo, tampouco porque algumas pessoas nasciam com dons e maior facilidade para lidar com algo do que outras.

Não podia ser por herança genética, como muitos afirmavam, pois via-se claramente, em qualquer lar, filhos dotados de dons e habilidades maravilhosas – músicos, desenhistas, atores, compositores, cantores e excelentes administradores – cujos pais não apresentavam essas habilidades.

Eram tantos os casos, contradizendo a teoria de herança genética, que novamente a pergunta vinha à tona: por que uns nascem com habilidades e dons diferentes dos demais? Onde aprenderam? Onde a desenvolveram?

Foi Ivan quem transportou Geórgia de volta ao local onde se encontravam.

– Olha que delícia! Está geladinha! – disse ele, pondo na mão dela uma água de coco.

Ela agradeceu a gentileza e sorveu o líquido como tia Maila havia aconselhado no texto que leu, ligada às sensações positivas que os alimentos da natureza propiciavam ao ser humano no momento em que o ingerimos. De fato, a água de coco passando pela garganta de Geórgia, refrescando-a era não só prazerosa como revitalizante.

– Bom, não? – perguntou Ivan, a seguir.

– Sim.

Logo depois os dois voltaram a se concentrar nos rapazes surfando no mar.

– Você era bom surfista assim como o seu filho? – indagou Geórgia.

– Surfe?! – exclamou Ivan com bom humor. – Nunca sequer me aproximei de uma prancha de surfe em toda a minha vida; o mais perto que consegui, foi numa loja de pranchas!

– É isso que mais me intriga, sabia?

Ivan franziu a testa, procurando entender.

– As pessoas dizem que filho de peixe, peixinho é, mas isso não é 100% verdade...

Em seguida, Geórgia reproduziu, palavra por palavra, as conclusões a que havia chegado há pouco.

– Compreendo o que quer dizer. Eu sou a prova viva de que esse papo de hereditariedade, não é cem por cento verdade. O Ângelo, por exemplo, pratica surfe e esportes, em geral, desde garoto. Eu nunca, em toda a minha vida, me interessei por isso. Ele cuida bem da alimentação desde adolescente e faz também meditação, coisas que eu também nunca tive interesse. Sem contar o fato de que ele só bebe uma bebida alcoólica socialmente e esporadicamente completamente às avessas da minha pessoa.

Diante dessa realidade a impressão que se tem é de que o Ângelo trouxe consigo, embutido no seu sangue, em sua mente, ou coração todo esse seu jeito de ser, de se cuidar, de reagir diante da vida. Está, como muitos dizem, no seu espírito. Segundo os que acreditavam em reencarnação, o indivíduo nasce com habilidades e dons bem mais desenvolvidos que os de outros por herança de outra vida. Se isso é verdade eu não sei...

– Nem eu...

Nova pausa, enquanto os olhos assistiam atentos os rapazes surfando.

– Está gostando, Vitória? – perguntou Geórgia a seguir.

A menina fez que sim com a cabeça, estava tão feliz por estar ali que mal piscava. Jeremias também parecia atento aos surfistas.

– Quem diria que um dia – comentou Ivan –, o ser humano pudesse se divertir equilibrando-se sobre uma prancha de surfe? Quem será que inventou o surfe?

– Tia Maila diz num de seus diários que ninguém inventa nada na vida.

– Não?! Como, não?!

– Diz que o ser humano apenas descobre aquilo que já foi inventado por Deus e escondido na natureza do planeta.

– Que papo de doido!

– Mas faz sentido.

Segundo tia Maila, nenhuma invenção pode ser materializada se não houver matéria prima no planeta para ser materializada. Se há é porque Deus já contava com elas, por isso as criou e deixou aqui. Fez o que fez porque sabia que seriam necessárias para uma vida melhor.

– Faz sentido.

No minuto seguinte os dois voltaram a se silenciar, contemplando o mar, deixando-se envolver com toda a magia que ele transmite.

– Dá uma calma, não dá? – perguntou Geórgia, minutos depois.

– E como...

– Você sabe que eu pouca vezes parei para observar o mar como agora, jamais sequer fiquei em silêncio para tentar compreender sua linguagem, seus sinais, deixar-me ser invadida por sua magia e grandeza. Poucas vezes, permiti silenciar minha mente para poder ouvir a natureza se comunicar comigo.

– Foi o mar que de certo modo nos uniu, não é verdade? Sem ele, eu não teria conhecido Ângelo e, consequentemente, você. Não é incrível como uma coisa leva a outra?!

Ivan concordou com a cabeça. Pousou sua mão sobre a de Geórgia, acariciou-a e disse:

– O mar nos uniu, bendito seja ele...

Ela sorriu e uma pergunta saltou da sua boca como que por vontade própria:

– E se tivesse sido Ângelo quem se afogasse naquele dia, Ivan? E não houvesse um Ângelo por aqui para salvá-lo?

Ivan arrepiou-se inteiro com a hipótese. Disse:

– Nem pense numa coisa dessas...

– Viu como o seu filho é importante para você? Percebe agora como ele se sentiria se algo de ruim acontecesse com você? Vê como deve ser sofrido para ele vê-lo se entregando à morte, querendo ajudá-lo e você se negando essa ajuda?

Percebo agora que o que fazemos contra nós mesmos, no fundo, estamos fazendo contra os nossos entes queridos e contra as pessoas que nos amam de verdade. Não se importar com quem nos ama, é egoísmo.

– Você tem razão, Geórgia... Toda razão... E digo mais, há tantas pessoas no mundo procurando desesperadamente escapar da morte que é uma lastima, uma hipocrisia ver pessoas como eu pouco se importando com a vida.

Ivan olhou para ela com seus olhos bonitos e vivos e assentiu. Geórgia, com certa empolgação, voltou a falar:

– Você já observou que a maioria das pessoas só percebe o valor daqueles com quem convive quando as perdem? Que só assim é que descobrem o quanto elas eram importantes na sua vida e o quanto deveriam ter aproveitado melhor o tempo que tinham juntas?

"Por isso que é importante que aprendamos a valorizar mais o presente ao lado de quem a gente ama, de quem nos faz bem; é importante não menosprezá-las.

Talvez seja essa uma das razões pelas quais a vida criou a morte, para que aprendêssemos a aproveitar melhor o tempo que temos juntos de quem amamos e possamos descobrir a importância dessas pessoas em nossas vidas."

– Se Deus criou a vida assim para nos fazer aprender por que não criou uma forma menos cruel que essa para no ensinar? Porque convenhamos, ter de aprender o quanto alguém é importante em nossa vida, o quanto a amamos por meio da dor da perda é algo muito cruel.

– Sim, mas devo admitir que só aprendi muita coisa na vida por meio da dor e posso apontar mais umas dez pessoas, conhecidas minhas, que também só aprenderam certas preciosidades da vida por meio da dor. Em outras palavras, a dor é um mal necessário. Que surge para resgatar o bem, elevá-lo, priorizá-lo na vida de cada um. Temos de aprender pela dor, porque nos recusamos a aprender pelo amor.

Ele riu e completou:

– Pelo visto estamos aprendendo muito juntos...

Geórgia riu e disse:

– Acho que fiquei meio filosofa de uns dias para cá. Deve ser influência de minha tia, do que leio em seu diário.

– Deve ser – concordou Ivan, sorrindo.

Meio minuto depois, após uma reflexão relâmpago, ele disse:

– O problema conosco é que caímos na cegueira do egoísmo que nos faz pensar que os nossos problemas são os únicos, mais importantes do planeta, que merecem atenção e ajuda da parte de Deus.

Que o auxilio para as crianças carentes e famintas esperem até que Deus nos ajude, idem os favelados e viciados em drogas com seus problemas, pois o nosso problema é bem maior que o deles.

O nosso egoísmo nos faz pensar que somente nossos filhos é que precisam da ajuda de Deus. Que o mundo gira em torno do nosso umbigo. Que só a gente é importante.

Nos faz ignorar uma plantinha morrendo de sede; que poderíamos muito bem aguá-la e, no entanto, nada fazemos...

Nos faz ignorar um garoto pedindo esmola, um cego precisando de alguém para ajudá-lo a atravessar uma rua ou um homem preso a uma cadeira de rodas sem mais forças nos braços para fazê-lo andar...

Chegamos até a sentir dó delas, mas estamos sempre apressados para ajudá-las, ocupados demais com nossos pensamentos, frustrações, pedidos a Deus a nosso favor...

Sabemos que há crianças num orfanato, ou creche ou num hospital para o tratamento do câncer, querendo alguém para brincar e conversar, trocar um pouco de calor humano e mesmo assim, nada fazemos...

Então, quando pedimos a Deus ajuda para resolver nossos problemas e essa ajuda parece demorar para chegar, nos revoltamos, sem perceber que o atraso é o reflexo do modo como lidamos com quem precisa de nós também.

Não nos importam os semelhantes que tanto precisam de uma palavra amiga, um ombro amigo, uma troca de calor humano, apoio físico e moral. Tudo porque ficamos presos ao egoísmo.

Queremos que Deus nos ouça ao reclamar da vida, do que o outro deveria ter feito por nós e não o fez, mas tempo para ajudar o próximo, isso não permitimos ter.

Tempo para observar a vida dos ricos e importantes na sociedade, dos conhecidos, vizinhos e familiares para falar mal dos outros pelas costas, pichá-los e até mesmo rogar-lhes pragas, isso temos, mas para ajudar o próximo, não!

O problema consiste mesmo em achar que o seu é o maior de todos, perder tempo com futilidades e constantemente...

E digo mais... o que nos falta é tomada de consciência e bom senso. Parar, vez ou outra, para perceber realidades como essas... refletir... ampliar os sentidos... encarar a vida com os sentidos da alma... em outras palavras: evoluir. Despertar pela reflexão (amor) antes que seja pela dor...

Somos além de egoístas, fúteis... Damos mais importância às coisas fúteis que as verdadeiras preciosidades da vida, tal como o mar azul, lindo e brilhante, que se estende diante dos nossos olhos ou o céu e suas infinitas nuances.

Geórgia apreciou intimamente aquelas palavras...

– Pelo visto virei filósofo também... Deve ser influência sua... ou de sua tia...

Os dois riram.

– Mas é bom, não é? Filosofar... Despertar para outras realidades da vida, não acha?

– Sim... Muito.

Aquela foi uma manhã transformadora para Geórgia e Ivan. Reflexões e conclusões direcionavam os dois de volta a uma vida onde o amor impera, não a dor... Depois do surfe, o almoço foi num dos poucos restaurantes do centro da cidade. Um lugar simples que servia uma excelente comida caseira.

Vitória amou o passeio e Jeremias aguardou pacientemente deitado aos pés da mesa, recebendo vez ou outra algo para *beliscar*.

Quando o pai foi ao banheiro, Ângelo segredou com Geórgia:

– Você está fazendo maravilhas pelo meu pai. Obrigado.

Ela, levemente rubra, respondeu:

– De nada...

Naquela noite, quando Ivan passou na casa para convidar Geórgia para ir tomar um sorvete, percebeu que ela estava abatida e preocupada.

– O que é que há? – perguntou, olhando atentamente para ela.

– Lembrei-me de que já faz uma semana que não visito o cemitério na minha cidade. Preciso ir lá, levar flores, fiquei tão envolvida com os últimos acontecimentos que acabei me esquecendo desse detalhe.

Ivan foi até a cristaleira e procurou pelo diário de Maila. Ao encontrá-lo, folheou-o até localizar a página em que ela dizia:

O que levamos para o cemitério é apenas o corpo físico da pessoa que tanto amamos e que, agora, se encontra morta. Sua essência, sua consciência está no espírito que não mais está alojado dentro daquele corpo, separou-se dele assim que se deu a morte. É o corpo que velamos, enterramos e levamos flores no cemitério. As reverências a esta pessoa morta no decorrer do tempo são apenas simbólicas, pois não há ninguém consciente ali a não ser um corpo em decomposição. A alma, o espírito dessa pessoa encontra-se no plano espiritual, seguindo seu curso natural.

– Eu sei disso – comentou Geórgia, entre lágrimas –, mas é que tão difícil imaginar a gente só em espírito, sem a matéria.

– Eu compreendo. É que somos, no fundo, que nem São Tomé. Precisamos ver para crer... Pegar, sentir para acreditar.

A seguir, Ivan voltou até a cristaleira, tirou de dentro dela um papel dobrado e mostrando para Geórgia, perguntou:

– O que é isso?

– Não sei – respondeu ela, olhando curiosa para o que ele segurava numa das mãos.

Ivan leu o que estava escrito no papel e disse:

– É um testamento.

– Ah! – exclamou Geórgia, interessada. – Deve ser o testamento de minha tia, uma cópia.

– Sim, é de sua tia – confirmou ele, lendo em silêncio o que estava escrito ali. – Só que aqui não diz nada seu respeito.

O comentário fez Geórgia pular do sofá.

– Como, não?!

– Veja você mesma – respondeu ele, estendendo o documento para ela.

Geórgia leu tudo com atenção e para seu espanto, Ivan estava certo, não havia nada no documento, dizendo que a casa havia ficado para ela de herança.

– Isso é muito estranho – comentou abismada – como pode essa casa ter ficado para mim de herança se nada consta no testamento? Preciso falar urgentemente com o advogado que está cuidando de tudo isso, ele deve ter feito alguma confusão. Ter-me confundido com outra pessoa, só pode ser, caso contrário o meu nome estaria aqui.

A descoberta deixou Geórgia tão fora de si que Ivan achou melhor deixar o convite para um sorvete para outro dia.

Capítulo 12

No dia seguinte, a primeira coisa que Geórgia fez, foi ir atrás do advogado na esperança de que ele já tivesse regressado à cidade e pudesse desvendar o mistério do testamento. Estava preocupada, não pela herança, mas por estar usufruindo de algo que na verdade pertencia a outra pessoa.

A secretária recebeu Geórgia com um sorriso exagerado. Estava visivelmente surpresa por vê-la ali. Parecia aturdida, sem saber o que responder. Sem delongas, ela foi direto ao que vinha.

– E então, filha? O Dr...

Geórgia se interrompeu ao ver um homem chegando ao local. Voltando-se para ele, perguntou:

– Bom dia. Dr. Fernando?

Ele, procurando sorrir, respondeu:

– S-sim. Quem é a senhora?

Estendendo a mão, Geórgia se apresentou:

– Geórgia. Sou a sobrinha de Maila...

O homem perdeu a cor. Definitivamente, não esperava por aquele encontro.

– Ah, sim... Pois não? Acabo de chegar à cidade – mentiu ele atropelando as palavras –, ia justamente procurá-la esta tarde... Venha até a minha sala, por favor.

Assim que os dois se acomodaram no local, o homem, afrouxando o colarinho e limpando a garganta para clarear a voz disse:

– Em que posso ajudá-la?

Geórgia mostrou a ele o testamento que encontrou e a conclusão a que chegou. O advogado, sorrindo, respondeu:

– Pode ficar tranquila, Dona Geórgia. A casa foi deixada para a senhora mesma. O testamento encontrado é o que sua tia havia feito primeiramente, só que ela, pouco antes de morrer, fez outro, deixando-lhe a casa.

– Ainda assim, é estranho – comentou Geórgia, mais para si mesma do que para o homem grandalhão que se encontrava sentado a sua frente –, por que minha tia mudou de ideia na última hora?

– Deve ter se lembrado da senhora por alguma razão e quis incluí-la no testamento.

– É a única explicação... Mas que gentileza da parte dela ter tido o trabalho de alterar o testamento só para me beneficiar.

– Ela deveria gostar muito da senhora...

Geórgia o interrompeu, erguendo a voz:

– De mim? Como, se mal me conhecia?!

O homem em meio a um sorriso amarelo, opinou:

– Não pense no porquê, pense no quanto foi bom herdar essa casa e tudo que pode fazer com ela...

– Bem... Há uma semana atrás vim para cá na intenção de por a casa à venda e doar os pertences da minha tia em menos de um dia. Como o senhor não estava na cidade... fui obrigada a ficar aqui e, bem... não posso partir agora, não enquanto encontrar alguém que fique com Jeremias e uma garotinha chamada Vitória... Há também um amigo que no momento precisa de ajuda.

– Foi bom então eu ter me ausentado daqui, não? Caso contrário...

Geórgia, compreendendo aonde ele queria chegar, concluiu:

– Sim, por esse lado, sim... Mas pretendo resolver tudo isso, logo...

– Não tenha pressa... aproveite a casa...

Geórgia o interrompeu:

– O senhor tem certeza de que minha tia mudou mesmo o testamento a meu favor?

– Absoluta. Veja a senhora mesma.

Em seguida, o advogado mostrou-lhe uma cópia do documento.

Geórgia levantou-se, estendeu a mão que foi chacoalhada mais uma vez sem dó pelo advogado e partiu, cismada, inquieta, matutando sobre tudo aquilo. Com a sensação crescente de que havia algo de errado em toda aquela história. Querendo desesperadamente descobrir o quê. Só conseguiu se ver livre daquela encanação, ao lembrar que Jeremias e Vitória aguardavam por ela para dar sua volta matinal. E lá foram eles caminhar mais uma vez.

Geórgia havia acabado de deixar Vitória em sua casa e resolveu, sem saber ao certo o porquê, conhecer as ruas nas proximidades, pelas quais ainda não havia passado. Foi quando caminhava por uma delas, que um senhor saiu de sua casa aos prantos, suplicando socorro:

– Minha esposa está passando mal, preciso de uma ambulância, urgente!

– Não se preocupe, eu chamo uma para o senhor – respondeu Geórgia se pondo a correr em direção ao ponto da rua principal, onde pudesse conseguir um carro de aluguel para ajudar a mulher em estado crítico.

Naquele instante, Geórgia agradeceu a Deus pelas caminhadas que fizera com Jeremias, caso contrário não teria tido preparo físico para correr daquela forma. Assim que conseguiu o veículo, voltou com ele até a casa do senhor cuja esposa passava mal.

– Muito obrigada, filha. Você caiu do céu – agradeceu o homem, enquanto enxugava a testa que transpirava de tensão.

– Não há de quê! Agora se acalme, por favor. Vai acabar tudo bem.

Ele olhou-a, esperançoso.

– A propósito meu nome é Abner...

– O meu é Geórgia...

– Sim, eu sei.

Não houve tempo de ele dizer mais nada, pois assim que ajeitaram a senhora no veículo, ele, a esposa e o motorista partiram em direção ao pequeno hospital da cidade. Geórgia ficou ali, por alguns segundos, olhando atentamente para o carro, até perdê-lo de vista. Estava surpresa mais uma vez com a vida, por tê-la colocado, num lugar, no momento exato, para ajudar alguém que tanto precisava de ajuda.

No almoço daquele dia, Ivan apareceu na casa para saber o que Geórgia havia descoberto sobre o testamento. Ela lhe contou o que havia conversado com o advogado naquela manhã. Diante daquilo, Ivan sugeriu:

– Não pense mais nisso, Geórgia. O importante é que a casa lhe deu a oportunidade de conhecer Vitória, Jeremias, Ângelo e eu, dentre todos, o melhor, é claro!

Ela olhou para ele surpresa com o comentário e com o seu bom humor. A seguir, contou sobre a mulher que passara mal e como ela conseguiu um carro para levá-la ao hospital.

– Que sorte você estar passando por lá, hein?

– Que sorte mesmo, Ivan! Foi como se uma força tivesse me guiado até lá. Sorte também foi eu estar fazendo essas caminhadas diárias com o Jeremias e a Vitória, elas desenferrujaram o meu físico e por isso tive fôlego para correr naquela hora de emergência.

Ele assentiu e opinou:

– Que bom, hein? Que bom que sua tia deixou essa casa de herança para você! Se não tivesse, você não teria salvado essa mulher. Você é mesmo uma salva-vidas como Ângelo a apelidou. Uma salva-vidas de Deus.

– Bah! Que nada!

Naquela noite, depois de muito treino, aconteceu o show de mágica para a pequena Vitória. Estavam também presentes Dona Divina, a avó da menina e Ângelo. Os comes e bebes ficaram a cargo de Dona Jurema, que fez questão de prepará-los, provando mais uma vez que tinha mão habilidosa para a culinária.

Ivan ficou impressionado consigo mesmo por executar todos os truques com a perfeição de um mágico profissional. Houve muitas palmas e pedidos de bis, mas dita a regra, um bom mágico nunca deve repetir a mágica sem ter um longo espaço de tempo entre elas.

Foi uma noite memorável para todos, especialmente para a pequenina Vitória.

No dia seguinte, Geórgia passou de casa em casa na companhia de Ivan, procurando por alguém que adotasse

Jeremias e a menina. Depois de um dia inteiro de *peregrinação,* sem resultado algum, ela estava esgotada, por isso dormiu cedo naquela noite.

Dois dias depois, seu Abner apareceu na casa para dar um recado à nova moradora. Jeremias latia com tanta euforia que foi preciso Geórgia chamar sua atenção.

– Psiu, rapaz. Esse não é o modo de um cão educado se comportar na frente das pessoas. Comporte-se!

Seu Abner pôde então dizer ao que vinha:

– Minha esposa quer muito conhecê-la, Geórgia.

– Ela já deixou o hospital?

– Sim, hoje pela manhã. Graças a Deus!

– Fico contente que tenha melhorado.

– Foi Deus quem levou você a nossa casa anteontem, naquela hora em que tanto necessitávamos.

Geórgia sorriu, encabulada pelo elogio. Minutos depois, encontrava-se diante da esposa daquele senhor agradecido.

– Essa é Geórgia, meu bem. A alma generosa de quem lhe falei – informou o marido.

A senhora aprofundou o olhar em Geórgia e disse:

– Eu lhe agradeço muito pelo que fez por mim...

– Não foi nada.

– Eu sabia... sabia que viria para me ajudar.

O comentário surpreendeu Geórgia.

– É mesmo?

Ela sorriu e apontando para o sofá disse:

– Por favor, sente-se. Quer beber uma água ou uma xícara de chá?

– Nenhum dos dois, obrigada.

– Meu nome é Iolanda.

193

– O meu...

– Eu sei, é Geórgia.

– Sim...

– Desde que soube que viria, quis muito conhecê-la. Estávamos viajando, visitando nossos filhos e parentes, estávamos na verdade, de férias, não que trabalhemos, já somos aposentados, mas é que Maila sempre nos dizia que não importa se você trabalha ou não, você precisa se dar férias anualmente. Pelo menos uma vez por ano deve viajar para algum lugar, pois uma viagem renova nossas energias.

– É verdade – riu Geórgia. – Então quer dizer que a senhora também conhecia minha tia.

– Quem não a conhecia?

Fez-se uma breve pausa antes que Dona Iolanda dissesse:

– Soube o que lhe aconteceu, eu sinto muito, não é fácil, nunca é fácil perder alguém que se ama tanto...

– Sim...

Dessa vez foi o marido quem falou:

– Por mais que saibamos que a vida continua após a morte, ainda assim, nos desesperamos quando nos vemos diante da morte.

Passeando com os olhos pela mobília da sala, Geórgia avistou um quadro pintado a óleo no mesmo estilo dos que havia na casa da tia.

– Onde compraram aquele quadro? – perguntou, levantando-se para vê-lo melhor.

– Foi Maila quem nos deu.

– É bem parecido com um dos que estão no sobrado – observou ela, tentando ler a assinatura do pintor. – Minha tia deveria gostar muito de arte, nunca vi uma casa com tantos quadros.

O casal se entreolhou discretamente por alguns segundos, como quem faz quando alguém quer dizer alguma coisa em sigilo para o outro por meio do olhar.

– Pensei que soubesse... – comentou Dona Iolanda num tom de voz diferente.

– O quê?

– Que Maila pintava quadros.

– Não sabia... – respondeu Geórgia, voltando os olhos para a mulher. – Só vim a saber no dia em que um casal apareceu no sobrado e me pediu para ver seus quadros. Não mostrei, logicamente, porque não havia nenhum deles pela casa. Afinal, o que minha tia fazia com os quadros que pintava? Vendia?

O casal se entreolhou novamente, comunicando-se pelo olhar. Seu Abner ia dizer alguma coisa, mas o olhar da mulher o fez calar-se.

– Bem, já vou indo – disse Geórgia.

Já haviam se despedido quando Dona Iolanda fez um pedido à visitante:

– Gostaria muito de ver uma foto sua com o seu alguém especial... Você com certeza deve carregar uma consigo, não?

– Sim, de fato, ando sempre com uma, está no sobrado, assim que possível a trago para a senhora ver.

– Obrigada.

Foi naquele mesmo dia que Geórgia voltou à casa da mulher, levando consigo a foto. Ivan estava com ela nessa hora e ficou aguardando por ela na calçada, fazendo companhia a Jeremias.

– Trouxe o que me prometeu? – perguntou Dona Iolanda, olhando com certo excitamento para ela.

– Trouxe.

Geórgia estava trêmula quando estendeu a foto para que Dona Iolanda pudesse vê-la. A mulher olhou a seguir com grande admiração. Depois disse como quem faz uma confidência:

– Essa pessoa especial na sua vida tinha um carisma e tanto, não? Lembro-me bem dela...

Suas palavras fizeram Geórgia olhar para ela com curiosidade.

– Lembra?

– Sim. Até parece que foi ontem... Não lhe parece, às vezes, que tudo o que vivemos se passou ontem, aconteceu num único dia?

– Sim, é verdade!

Para Geórgia, Dona Iolanda estava embaralhando as ideias por causa dos fortíssimos remédios que vinha tomando após o problema de saúde que tivera. O que dizia era confuso, não fazia sentido. A fim de mudar de assunto, Geórgia perguntou:

– Dona Iolanda, há tempos que venho querendo saber... do que minha tia morreu exatamente?

Nisso ouviram um carro frear violentamente e um grito. Geórgia reconheceu de imediato a pessoa que gritara, fora Ivan. Saiu correndo da casa do casal em direção à rua e o que viu quando lá chegou, a fez estremecer e, por pouco, não desmaiar. Estirado ao chão estava Jeremias, o carro o havia atropelado.

Capítulo 13

O motorista saiu do carro, transtornado. Seu queixo tremia, seus olhos pareciam que iriam saltar das órbitas. Ivan pegou Jeremias nos braços, voltou-se para o motorista e pediu a ele que o levasse até um amigo de Ângelo que era veterinário. O homem concordou, imediatamente.

Geórgia quis dizer alguma coisa, mas as palavras lhe fugiam. Antes de partirem, Ivan disse:

– Não se desespere. Tudo vai ficar bem. Reze por ele.

Aquilo não era um apelo e sim, uma ordem. Assim que o carro partiu, Geórgia não mais se conteve, apoiou-se contra o muro e começou a chorar. Diante do seu desespero, seu Abner foi até ela, pôs a mão sobre a sua cabeça e ficou dizendo algumas palavras, baixinho, como se estivesse rezando.

Quando Geórgia voltou a olhar para ele, o homem estava tão concentrado no que fazia que mais parecia em transe. Quando reabriu os olhos e encontrou os dela, sorriu afetuosamente, procurando confortá-la também com o seu ânimo.

– Nunca perca a fé, filha – disse em seguida. – Agora venha beber um pouco de água com açúcar.

Ao entrarem na sala, Dona Iolanda voltou-se para Geórgia e disse:

– O cão ficará bom, filha.

Geórgia suspirou e confessou:

– Nunca pensei que estivesse tão apegada a ele. Nunca fui de me apegar a cães.

– Não há como não nos apegarmos. O carisma deles é muito forte, contagia a todos. Agora, sente-se e pegue o Evangelho, vamos orar um pouco...

Geórgia, que nunca fora de fazer aquilo, surpreendeu-se ao se ver fazendo o que a mulher havia sugerido. Surpreendeu-se também, ao perceber que a leitura do Evangelho, acompanhada da oração, deixaram-na mais calma e confiante na melhora de Jeremias. Até sua respiração, que ficara tensa e entrecortada após o acidente, recuperou sua estabilidade.

Ao término do "ritual", Dona Iolanda contou:

– Maila sempre lia o Evangelho e fazia suas orações quando algo de ruim acontecia.

– Então, minha tia era religiosa...

– Muito. Acreditava piamente no poder da leitura do Evangelho e da oração.

Minutos depois, Geórgia achou melhor voltar para a casa, para estar lá quando Ivan voltasse. O que certamente faria, assim que tivesse alguma notícia sobre Jeremias para lhe dar.

Ela se levantou, despediu-se e agradeceu a gentileza do casal por terem-na amparado naquele momento tão difícil. Ela já atravessava o portão quando Dona Iolanda reforçou seu conselho:

– Lembre-se sempre do Evangelho nos momentos difíceis, minha querida.

Geórgia, sorrindo, respondeu:

– Lembrarei.

Ela já estava ganhando a rua quando Dona Iolanda a chamou:

– Querida, a foto!

– O quê?

– A foto – repetiu a mulher, estendendo para o alto a foto que ela havia levado e que, diante do acontecido, tinha esquecido completamente.

– Obrigada – agradeceu ela, apanhando a foto da mão da mulher. – Melhoras para a senhora – desejou e partiu.

Assim que deixou a casa, o marido voltou-se para a esposa e perguntou:

– Ela ainda não sabe, não é mesmo?

– Não, ainda não! – respondeu a mulher, pensativa. – Mas está chegando a hora de ela saber.

Geórgia voltou para a casa crente de que os remédios estavam afetando a mente de Dona Iolanda. Suas palavras lhe pareciam sem sentido e embaralhadas, confusas... Porém, estava segura de que Jeremias sobreviveria àquele infortúnio. Uma certeza que nasceu dentro dela depois de ler o Evangelho.

Assim que chegou ao sobrado, ela foi imediatamente olhar os quadros que estavam pendurados pelas paredes da casa. Constatou, mais uma vez, que nenhum deles tinha a assinatura da tia e, novamente, perguntou-se: onde estariam os quadros que ela pintou? O que fizera deles?

Um vulto atrás de si a fez virar-se para trás como um raio e dar um grito histérico.

– Desculpe se a assustei, querida, mas é que você deixou o portão aberto, fiquei preocupada – era Dona Jurema.

– Que susto, Dona Jurema! – exclamou Geórgia ainda prensando uma das mãos contra a garganta. – Que susto!

– Perdoe-me.

Geórgia bufou e endireitou a postura.

– Foi bom ter vindo, Dona Jurema – disse –, soube que minha tia pintava, só não compreendo por que não há quadros dela pela casa.

Dona Jurema sorriu e apontou para a parede.

– Aí estão eles.

Geórgia de cenho enviesado, respondeu:

– Estes não são dela, dona Jurema, ao menos é o que diz a assinatura que há em cada um deles. Não vai me dizer que ela os pintava e punha o nome de outra pessoa?

Dona jurema corou.

– Mas que danada! – exclamou Geórgia, divertindo-se com a descoberta. – Por quê? Por que ela assinava com o nome de outras pessoas?

Observando melhor as assinaturas, Geórgia percebeu pela primeira vez que as assinaturas eram de pintores famosos. Como quem junta dois e dois, ela se viu diante de mais uma surpreendente descoberta a respeito de Maila.

– Já sei...

Minha tia reproduzia as pinturas dos pintores famosos e deveria vendê-los como sendo deles próprios. Assim conseguiria um bom preço por cada um deles. Mas que danada! É isso, não é?

Dona Jurema pareceu divertir-se um bocado. Sua reação fez Geórgia pensar que havia acertado no alvo.

– Maila de fato os vendia – explicou Jurema a seguir –, mas não por um preço exorbitante.

– Que danada! – exclamou Geórgia, boquiaberta.

– Muitas pessoas acreditavam nisso que você acabou de pensar, que ela punha o nome de pintores famosos só para vender seus quadros por um bom preço, muitos chegavam a dizer isso na cara dela. Mas Maila não protestava, apenas dizia: "Se essa é a sua opinião, que seja."

O que essas pessoas não sabiam é o que Maila fazia com o dinheiro arrecadado com a venda desses quadros. Era com ele que ela ajudava instituições de caridade, famílias necessitadas, órfãos, carentes em geral.

Algumas pessoas maledicentes chegavam a acreditar que ela fazia uso desse dinheiro para si mesma. Julgavam, sem conhecê-la a fundo, como fazem, infelizmente, a maioria das pessoas. Mas a verdade é que Maila chegava até a usar sua própria aposentadoria para ajudar os carentes.

Compreende agora, Geórgia, por que ela era tão querida e especial?

– Desculpe por tê-la julgado mal. Jamais pensei que minha tia fosse tão generosa, solidária e de tão bom coração. Estou verdadeiramente surpresa. Por outro lado, a senhora acha certo que ela dissesse que os quadros eram de pintores famosos se na verdade era ela quem os pintava? Ela estava mentindo, e mentir não é certo, ainda que seja para ajudar o próximo.

– Aí é que está o bonito dessa história, Geórgia. Sua tia pensava como você. Nunca gostou de mentiras, tampouco disse alguma em vida.

Antes que Geórgia pudesse perguntar mais alguma coisa, Dona Jurema pegou em sua mão e a levou até a sacada de onde podia-se avistar e contemplar o céu lindo forrado de nuances e cores diferentes...

Por fim, Dona Jurema disse em tom de prosa:

– Antigamente, quando eu me pegava olhando para o céu, perguntava: o que há além das estrelas? Há vida em outras galáxias? A pergunta nunca pôde ser respondida até o dia em que me mudei para esta cidadezinha e conheci sua tia. Ela sabia, Geórgia, ela sabia o que há além das estrelas.

– E o que há? O que foi que minha tia lhe respondeu?

A senhora baixou o olhar até fixar-se nos dela e disse:

– Nós mesmos.

– Nós?

– Sim, nós mesmos. Os outros mundos que existem são habitados por nós mesmos. É para lá que vamos após a morte...

– Queria tanto acreditar que a vida continua após a morte, mas no íntimo não creio em nada.

– Você não crê em Deus?

– Creio que Deus existiu, pois só alguém, um ser, com tamanha inteligência poderia ter criado um mundo como o nosso. Com essa natureza formidável, cheio de mentes brilhantes, dentro de corpos perfeitos e concebidos na medida certa para lidar com a vida no planeta. Só mesmo um ser supremo para ter criado o sistema solar na sua órbita perfeita, entre outras inúmeras coisas, mas não creio que sobreviveu por muito tempo após a criação. É a única explicação que encontro para explicar o porquê as pessoas oram tanto e nada obtêm de bom com suas orações.

– Não crê em Jesus?

– Sei que existiu também, fatos comprovam isso, mais que os fatos, suas palavras, ensinamentos, que atravessaram os tempos, comprovam sua existência. Mas assim como aconteceu com Deus, Jesus morreu logo após ter ressuscitado.

– Fiz as mesmas perguntas para sua tia e, então, ela me disse que se eu quisesse encontrar a resposta para essas perguntas eu deveria refletir a respeito da palavra oração. A palavra é a junção da palavra orar com a palavra ação. Ou seja, nenhuma oração pode surtir efeito na nossa vida se nós não nos pusermos em ação.

Quando uma oração não surte efeito, é porque oramos sem agir. Para que a oração tenha êxito, precisamos entrelaçá-la com ações, atitudes cabíveis no dia-a-dia.

Muita gente reza para cessar os males que atingem seu físico devido aos maus-tratos, ou seja, alimenta-se mal e não pratica os exercícios cabíveis para mantê-lo ágil e cheio de vigor.

Rezam também para evitar as consequências negativas pela falta de estudo, conhecimento, mérito, e assim por diante.

Nem Jesus, nem Buda, nem os santos, ou os anjos da guarda, mentores ou amigos espirituais, nem mesmo Deus, pode nos ajudar se a gente não se ajudar. E ninguém está se ajudando fisicamente, se não cumprir o que lhe cabe fazer para manter seu físico sempre sadio, que é: uma alimentação sadia, pôr o físico para se exercitar e a mente para relaxar por meio de uma meditação.

As pessoas abusam de Jesus. Quando os filhos fazem uma tremenda bagunça, a mãe ou o pai diz: "Ai, Jesus, me ajude". Quando a chuva piora, dizem: "Ai, Jesus, me ajude!" Quando o sabão acaba e a preguiça bate (vou ter de sair justo agora para ir à venda comprar mais) a pessoa também diz: "Ai, Jesus, me ajude!" O feijão queimou: "Ai, Jesus, me ajude!" O filho está rebelde: "Ai, Jesus, me ajude!" A alface não é boa: "Ai, Jesus, me ajude!". O gato ou o cãozinho estão raivosos: "Ai, Jesus, me ajude!"

Quando as pessoas não dizem: "Ai, Jesus me ajude!", dizem "Ai! Deus me ajude!", pode observar.

Por isso que Jesus nos aconselhava a não dizer o nome do Pai (Deus) em vão.

Pedir um auxílio a Jesus ou a Deus, uma vez ou outra, tudo bem, mas a toda hora, por qualquer coisa, é falta de respeito.

Se fosse para Jesus ou Deus fazer tudo em nosso lugar, Deus teria nos feito incapazes de usar a inteligência. Nos deu, no entanto, a inteligência para que cada um de nós a usasse quando preciso. Nos deu braços e pernas também pelo mesmo motivo.

A maioria dos seres humanos só veem o próprio umbigo. Só pensam em pedir, e pedir, e pedir a Deus ou a Jesus para realizar seus interesses. Quantas pessoas você conhece que um dia pediu a favor do bem estar de Jesus? Não conheci até hoje alguém que se preocupasse com ele. E Jesus não tem direito à vida, ao amor, à felicidade? Que espécie de carinho é esse para com o próximo? Jesus é o próximo também.

Agora pedir para si, tudo bem. Para que Jesus o ajude na compra de uma casinha, para que o filhão consiga aquele emprego, entre outras coisas do gênero. Isso, pode!

Dona Jurema respirou fundo antes de prosseguir e só o fez após emitir um belo sorriso para Geórgia:

– Muita gente compreendia o que Maila falava, outros não. Muitos se revoltavam com ela, muitos a odiavam por isso. E ela sempre dizia que era natural isso acontecer e que, anormal seria ela se deixar aborrecer por isso. Nesse caso estaria sendo dominada pelo ego. E ela não queria ser mais dominada pelo ego, o ego prejudicial, como fora no passado.

– Por isso aquele casal me tratou daquele modo quando soube que eu era sua sobrinha?

– Não, filha, eles nunca chegaram a conversar com Maila nem ouvir suas palavras. Eles a temiam por outro motivo.

– Qual?

– Por causa dos amigos dela, querida.

– Amigos?

– Sim, os que ela recebia nesta casa. Os amigos que tanto ajudavam o próximo e davam a essa casa uma inexorável paz. E ela os recebia sempre... Vinham de longe, de muito longe, para dar uma palavra amiga, passar uma carta, dar e receber um último abraço, um beijo, até que pudessem se reencontrar de novo...

As palavras de Dona Jurema fizeram Geórgia lembrar-se do casal que a procurou certo dia na casa.

"Pois, não?", disse ela ao atendê-los ao portão.

"Dona Maila está?"

"Infelizmente, ela faleceu."

A tristeza e decepção de ambos foi notável através de seus olhos.

"Meus pêsames."

"Obrigada."

"É uma grande perda... E quem recebe por ela?"

"Correspondência?"

"Não, os amigos..."

"Ninguém. Estou aqui só de passagem..."

"Que pena... sentiremos muito sua falta... todos... todos...."

Geórgia, ressurgindo dos seus pensamentos, falou:

– Os amigos da titia... – sua voz estava trêmula. Ela estava trêmula por inteira.

– Sim, filha. Eles vinham sempre... pergunte a Iolanda. Ela, podia vê-los também...

Geórgia voltou o olhar para ela, um olhar assustado, de pura perplexidade.

– Esses amigos, Dona Jurema... Esses amigos que ela recebia eram...

A mulher, balançando a cabeça positivamente, respondeu:

– Sim, filha: amigos espirituais.

– Mortos!

– Espirituais, filha.

– Minha tia era o que chamam de médium, é isso?

– Do bem, minha querida.

– Mas... eu.. eu nunca soube disso!

– Você viveu muito tempo longe dela. Sua mediunidade aflorou quando ela veio para cá, para esta casa... e, filha, ela ajudou muitas pessoas com seu dom...

Para Geórgia ainda era difícil de acreditar.

– Ela recebia os pintores, sabe? – continuou Jurema. – Eram eles que pintavam os quadros por meio dela.

– Já li a respeito – respondeu Geórgia, pensativa. – Por isso que a senhora disse que ela não mentia.

Confirmando com a cabeça, Dona Jurema, respondeu:

– Compreende agora, filha? Maila não mentia mesmo, porque os quadros eram realmente pintados pelos espíritos dos próprios artistas por meio dela. Da sua mediunidade.

Milhares de pensamentos fizeram um redemoinho na mente de Geórgia.

– Por que, por que não me contou isso antes?

– Para não assustar você. Nem todos estão preparados para compreender isso. Há muita deturpação a respeito da

206

mediunidade. Do Espiritismo em si. Temíamos que se você soubesse da verdade, por medo ou preconceito, ou os dois ao mesmo tempo, poria definitivamente a casa à venda.

Estendeu-se um minuto de silêncio até que Geórgia, perguntasse:

– Ela os recebia aqui, em sua própria casa?

– Sim. Na parte de baixo do sobrado. Assim, não tinha de pagar aluguel e podia destinar qualquer doação para os carentes. Todo e qualquer auxílio espiritual é para ser gratuito, entretanto, o local precisa de doações (recursos financeiros) para se sustentar, como tudo que há no planeta, nesse sentido.

Dona Jurema pegou firme nos punhos de sua amiga e disse, em tom de súplica:

– Não venda a casa, Geórgia. Não venda. Essa casa tinha vida, era repleta de paz, da bênção de Jesus, de Deus, todos amavam vir aqui, todos saiam daqui resgatando a fé no Criador, conhecendo-O melhor... Por isso, Geórgia, esta casa tem de ficar com você. Maila a deixou por isso, para que você continuasse seu trabalho, mantivesse a casa na ativa, recebendo os amigos.

Geórgia, pensativa, questionou:

– Foi por isso, então, que ela me deixou a casa por herança?

Não houve tempo para que Dona Jurema respondesse, o portão se abriu naquele momento.

– Alguém chegou – disse ela.

Era Ivan. Trazia consigo Jeremias nos braços, que pelo aspecto, parecia bem melhor. Ao vê-lo, Geórgia correu até ele, radiante.

– Ele vai ficar bom com o passar dos dias – informou Ivan.

– Graças a Deus! – exclamou Dona Jurema, juntando as mãos em louvor.

Após a partida da senhorinha, Geórgia contou tudo a respeito da tia para Ivan.

– Por isso eu sempre senti algo de diferente no ar desta casa – comentou ele –, algo que nos faz querer ficar aqui, relaxar... Crê mesmo que ela deixou a casa para que você mantivesse o seu trabalho?

– Sim, só pode ser.

– E o que você pretende fazer?

– E-eu... – Geórgia gaguejou. – Bem, eu não sei.

No minuto seguinte, o silêncio caiu entre os três. Geórgia ficou acariciando a cabeça do Jeremias, fazendo, propriamente dizendo, um cafuné na adorável criatura, enquanto Ivan apreciava seu gesto.

– Incrível – murmurou ele, rompendo o silêncio.

– O quê?

– Sua tia. Uma médium que recebia gente do país inteiro. Que ajudava pessoas e mais pessoas... Fazia uma caridade infinita... Recebia espíritos para pintar quadros cujo dinheiro da venda era revertido para os carentes. E, ainda assim, era dedicada ao marido e ao cão de estimação. Invejável, não?

– Admirável, você quer dizer?

– Sim. Uma mulher admirável.

– Só que eu não sou ela, Ivan. Não tenho o mesmo pique que ela possuía para levar seu trabalho adiante. Além do mais, nem médium sou...

– Você acredita em mediunidade?

– Aí é que está! Não sei. Para mim é coisa da própria cabeça da pessoa. Ela pensa que incorporou um espírito, mas é apenas a sua imaginação falando dentro de si.

– Mas há tantos casos...

– Sim, eu sei... Ainda assim...

– É que nem São Thomé. Só acredita, vendo.

– É mais do que isso, Ivan. Preciso de provas definitivas e exclusivas.

Ele fez ar de quem pensa: "Eu compreendo".

O dia se estendeu com os dois voltados totalmente para o Jeremias, que, ao final do dia, dava sinais crescentes de melhora.

Capítulo 14

Geórgia havia voltado do passeio com Jeremias e Vitória... Encontrava-se só, admirando o jardim em frente a casa, quando Dona Iolanda chegou se amparando em sua bengala. Notou de imediato que Geórgia estava diferente, devido aos efeitos que as recentes revelações a respeito da tia haviam lhe causado. Assim que a senhora se posicionou ao seu lado, Geórgia perguntou:

– Sobrevivemos mesmo após a morte, Dona Iolanda? Como saber se na verdade, ao morrermos, caímos num sono profundo e toda essa história de alma que se desmembra do físico e parte para o céu foi criada apenas para confortar o coração dos parentes que perdem entes queridos, bem como aliviar o nosso pavor diante da morte? E mais... Podemos mesmo conversar com os mortos, ou tudo isso não passa de uma ilusão, uma criação da nossa mente?

– Para obter a resposta a essas perguntas, meus amigos espirituais me sugeriram que eu observasse um bebê e refletisse a respeito do por que ele se espanta com as mãos e os pés e parece se perguntar: "O que é isso se mexendo na minha frente?" enquanto reconhece as mãos, os pés e o restante do corpo.

Se fossem o corpo e a alma uma coisa só, por que haveria o bebê de descobrir seu físico tal como se dissesse para si próprio: "Ah! Estou dentro disso agora, tenho isso e mais aquilo e dá para fazer isto e mais aquilo com o que possuo!" (referindo-se às partes do corpo que vai descobrindo com o tempo). Ele se espanta e se admira porque o nosso eu, a nossa essência e consciência de nós mesmos, não possui este corpo físico que habitamos. Somos, em essência, alma, um ser pensante, isento de corpo físico, feito desta matéria terrestre.

Quando adoecemos podemos comprovar melhor que somos uma alma destituída do físico. Você sente nitidamente que é um problema do físico e não do seu "eu". Tanto que se preocupa com o que pode ocorrer ao físico. Você num plano, seu físico noutro. Você sabe do que o físico está sofrendo, mas não você exatamente, o seu "eu consciente", sua essência, sua alma. Tanto que diz: preciso ir ao médico, apareceu um problema no físico, tal como quem detecta um problema no carro e o leva ao mecânico. Podemos comparar a alma com o motorista e o carro com o físico que abriga o espírito para poder viver e se locomover pela Terra.

O espírito nasce dentro de um corpo de bebê para que se adapte a este físico ao qual passou a pertencer e aprenda a dirigi-lo.

É o mesmo procedimento que alguém tem de ter para dirigir um veículo. A pessoa requer tempo, aulas, passo a passo, para adquirir prática e dirigi-lo com segurança. Não dá para ser de imediato.

Já podemos perceber aqui o porquê da necessidade do tempo ser como é. Sem os efeitos do tempo sobre nosso físico, não poderíamos crescer e aprender a lidar com ele.

Portanto, a força do tempo sobre nós é importante, foi precisamente calculada e como sempre por Deus.

Bem, a partir do momento que o espírito se adapta ao físico, passa a dominá-lo, o corpo e a alma tornam-se uma coisa só, ao menos enquanto na Terra estiver.

Quando o físico se esgota, ele perde o poder de condensar o espírito dentro dele, dá-se, então, o que chamamos de morte.

O espírito, então, voltou a ser o que é em essência, um ser, alma, isento desse corpo físico, composto de matéria terrestre, que obteve para encarnar na Terra. A morte é o desmembramento um do outro.

A gente enterra somente o corpo morto de uma pessoa. A essência, a consciência daquela pessoa está no espírito e ela não está mais ali, naquele corpo, ela segue agora para o local de onde veio, chamado de plano espiritual ou espaço além da matéria.

É o corpo que velamos, enterramos e levamos flores no cemitério. As reverências a esta pessoa morta, no decorrer do tempo, são apenas simbólicas, pois não há ninguém consciente ali a não ser um corpo entrando em decomposição. A alma, o espírito está noutra.

Podemos dizer, sim, que a pessoa morreu de fato, ou seja, aquela com aquele nome, signo, físico, parentescos, caminhos por onde trilhou, de fato, não existirá mais. Mas sua essência, a alma viverá eternamente e poderá reencarnar na Terra outras vezes.

A pergunta de Geórgia a seguir foi pertinente:

– Mas nós não vemos este processo acontecer, digo, o da alma se separar do corpo físico, deixá-lo e partir. Por quê?

– Uns veem, outros não, por não terem esse dom. Uns não têm a visão, apenas sentem o processo ocorrendo, varia de pessoa para pessoa. É uma questão de sensibilidade.

Muitas dessas pessoas que veem o espírito, deixando o físico, no momento de sua morte, guardam para si o que veem, porque não gostam de se gabar desse dom ou por temerem serem chamadas de loucas ou charlatãs.

Já se passaram mais de dois mil anos desde que o homem teve a maior comprovação de que o espírito se desmembra do físico: o episódio em que Jesus foi visto ressuscitado.

Podemos comprovar também esse processo, ou seja, de que o espírito/alma continua vivo após a morte física, através das pessoas que sonham com um ente querido já falecido e sentem que este está precisando de uma oração. Por que haveria ele de estar precisando de uma oração se estivesse inanimado, inconsciente de sua existência, morto tal como o físico? A resposta é mais uma vez simples: ele não está morto, está vivo, realmente, só que noutro plano.

Com tudo isso uma coisa é certa, após morrermos, desmembramos de nosso físico e voltamos a nossa essência natural – espírito/alma.

O oposto da vida não é a morte. A morte é o oposto do nascimento. Não existe palavra para descrever oposto da vida, porque vida não tem oposto. Só existe vida o tempo todo no cosmos e eternamente.

Dona Iolanda tomou fôlego antes de prosseguir.

– Mesmo não tendo certeza do que realmente nos acontece após a morte, ela, a morte, não é tão temida assim por nós; se assim fosse, sequer dormiríamos de preocupação, após tomarmos conhecimento de que um dia iríamos morrer.

213

Agimos assim, porque, no íntimo, a alma sabe que é apenas uma passagem, uma reciclagem, um embarque para um outro plano. Uma transição!

Outro bom aspecto a se observar é quando alguém diz: "Preferia ter sido eu ao invés dele...", oferecendo-se para morrer no lugar de uma pessoa querida. A pessoa diz isso porque, no íntimo, não teme a morte, mas ninguém percebe exatamente a profundidade do que está dizendo. No íntimo, o que mais o ser humano teme com relação à morte é a perda de pessoas queridas e da saudade que ela o fará sentir. Ou o modo como se vai morrer, desencarnar.

Meus amigos espirituais me informaram também que o momento de morrer é indolor, por mais que alguém esteja com dor. Por isso os franceses comparam o momento da morte com o orgasmo, em ambos ocorre o mesmo tipo de desligamento, ainda que por segundos ou milésimos de segundos, de tudo mais a sua volta, até mesmo de si próprio.

Dona Iolanda tomou ar e continuou:

– Se do lado de lá tudo é paraíso e, como muitos afirmam, com castelos ou palácios de ouro, mulheres a seu bel prazer, diante dos problemas que a vida aqui na Terra nos impõe muitos dirão: para que continuar vivendo aqui se a vida do lado de lá, segundo dizem, é bem melhor?

Essa conclusão pode fazer com que muitos desistam de viver, de se cuidar, de amar, de aprender, aperfeiçoar-se e evoluir para poder partir o quanto antes para esse "paraíso" tão prometido e tão lindo. O que poucos sabem é que o lado de lá é uma extensão do você de agora...

É tal como querer mudar de cidade, estado e país para se ver livre de problemas. Você pode mudar de lugar, mas seu mental, suas perturbações, traumas, mágoas, responsabilidades para com seu físico, mente e espírito, tudo, enfim, que você precisa lidar para evoluir, segue inteiramente com você.

Portanto, quanto mais você optar aqui na Terra por despertar o seu melhor, a sua evolução, melhor será para lidar com a vida no cosmos, eternamente.

Dona Iolanda tomou ar e perguntou:

– Compreende, Geórgia, como é importante a gente ampliar nossa percepção a respeito das leis que regem o Universo?

Geórgia assentiu, pensativa.

Dona Iolanda prosseguiu:

– Não podemos medir o tempo da nossa existência dentro deste Universo de acordo com a vida na Terra. Nossa vida é feita de muitas vidas, idas e vindas a este planeta. Somos eternos, espíritos errantes dentro deste cosmos infinito.

Você não é o seu nome atual, signo, ascendente, nacionalidade, tudo isto é temporário. Você é um espírito. Um espírito em evolução. Um espírito errante.

Dona Iolanda tomou ar e continuou:

– Agora respondo a você se podemos nos comunicar com os mortos, ou melhor, dizendo, com os espíritos desencarnados. Sim, podemos. Os médiuns existem para fazer essa ponte entre o plano espiritual e o terrestre. Esse processo existe para que os espíritos desencarnados possam dizer o que não puderam dizer a seus entes queridos quando junto deles na Terra. Ou ajudar um encarnado diante de uma situação delicada como a sua Geórgia, como fez seu *alguém especial.*

Geórgia, sem dar muita atenção a última frase da mulher, perguntou:

215

– Como é ser médium? Como uma pessoa descobre que é médium?

Dona Iolanda explicou:

– Para obter essas respostas com mais precisão é aconselhável ler o livro dos médiuns de Allan Kardec. Nele creio que você pode obter a resposta para a maioria de suas perguntas e, principalmente, ser informada quanto aos cuidados que se devem tomar com relação à mediunidade.

O ideal é fazer um curso a respeito num local adequado. Ou seja, muitos Centros Espíritas oferecem esses cursos, quem os ministra são pessoas que leram e estudaram muito a respeito da mediunidade e são capacitados a ensinar de forma adequada, dirimir dúvidas e acompanhar seu processo de evolução mediúnica.

É importante ter um acompanhamento de alguém capacitado para observar e ajudar o próprio médium a não se deixar confundir com suas vozes interiores, aquelas que dialogam conosco, geralmente emitidas pelo ego e a vaidade.

O médium precisa aprender a discernir se a voz que ouve vem de sua própria cabeça ou de uma entidade.

Deve aprender também a não se deixar levar por sentimentos de ódio e inveja, mágoa e rancor que por acaso sinta com relação a uma pessoa a quem prestará ajuda espiritual. Caso não se simpatize com uma pessoa, não deixar que esse sentimento interferira na hora de ajudá-la espiritualmente. Tem de se manter neutro, sem misturar as estações.

O médium deve ficar ciente de que não pode abrir-se para receber todo e qualquer espírito sem um discernimento, pois muitos podem usá-lo para interferir na vida de alguém.

Daí a importância de ler o Evangelho. Orar, vibrar, para que nos comuniquemos com espíritos de luz.

Por isso, aqueles que querem desenvolver a mediunidade precisam de ajuda de pessoas capacitadas que possam fazê-lo refletir se o que diz ouvir, incorporar, ver, não é criado pelo ego, ou seja, para se sentir especial, diferente e superior ao seu semelhante. Quem é egocêntrico, gosta de aparecer, pode inconsciente ou até mesmo conscientemente, dizer-se médium para se destacar na sociedade. Daí, mais uma vez, a importância de procurar um Centro onde haja pessoas capacitadas para ajudá-lo a desenvolver a mediunidade com ética.

– O que fazer quando se percebe ser médium?

– Muita gente começa a sofrer por causa da mediunidade e se na família não há alguém que conheça o assunto, pode ser ainda mais dificultoso para essa pessoa lidar com a situação. Podem vir a pensar que é um problema mental e deixar que um médico cuide do caso, receitando-lhe inúmeros remédios que além de lhes causar efeitos colaterais desagradáveis, descobre-se mais tarde, como na maioria dos casos, que não solucionam o "problema".

Centros Espíritas estão abertos para ajudar pessoas, em geral, e não exigem que um indivíduo se comprometa a se tornar um Espírita para poder ser ajudado. Ajudam independentemente de religião. Seria absurdamente ridículo se fazer uma exigência dessas.

Muitas famílias quando tomam conhecimento de que um de seus membros decidiu procurar um Centro Espírita, não aceitam, viram a cara, deixam-se ser dominados pelo preconceito e assim criam um mal-estar muito grande no convívio familiar. O preconceito neste caso também só causa problemas. Como vê, Geórgia, é de extrema importância ampliar nossos conhecimentos.

Geórgia ficou por quase um minuto reflexiva até questionar:

– Minha tia mantinha esse lugar com o quê? Dízimo?

A resposta de Dona Iolanda foi precisa:

– Os Espíritas falam que uma casa espírita não deve cobrar nada para se manter em pé. Sua subsistência deve ser mantida por meio de doações. Era assim que nos mantínhamos, mas sendo a casa de propriedade de Maila, tínhamos a possibilidade de destinar toda a doação para os carentes e necessitados.

– Que bom!

– Nem diga, querida.

Capítulo 15

Geórgia apreciou muito a informação, Iolanda, sorrindo, continuou:

– Sua tia Maila, Geórgia, nascera não só com o dom de saber usar bem o seu dom da mediunidade, como também tinha o dom para lidar com aqueles que se deixam ser dominados pelo lado ruim do ego.

Certa vez, um homem veio participar de uma de nossas palestras, uma em que Maila defendeu o respeito as outras religiões. Ao término da palestra, ele foi ter uma palavra com Maila.

"Eu não concordo com a senhora! Não, mesmo!", começou ele, num tom, alto e ríspido. "Deveria refletir melhor antes de fazer uma palestra porque muito do que disse não é correto."

"O que, por exemplo?", questionou Maila, olhando bem para ele.

"Essa história de defender o respeito aos outros de outras religiões!", explicou ele, com rispidez deselegante.

"Mas temos de respeitar!", afirmou Maila, placidamente. Eu não proíbo ninguém de entrar em minha casa por ser de outra religião. Tenho muitos amigos de outras religiões e quando estamos juntos, respeitamos um ao outro porque o que vale é a nossa amizade, é ela que está em voga no momento. Ridícula, hipócrita, eu seria se me proibisse de ter um certo amigo, ou estender a mão a ele por ser de outra religião. Se eu não o aceitasse para colaborar na ajuda a carentes.

Há tanta coisa no mundo precisando da nossa ajuda, principalmente para diminuir a miséria humana, algo bem mais importante e proveitoso, do que ficar brigando sobre religião. Portanto, conselho de uma senhora idosa: pare de brigar!

"Não paro não!", berrou o homem parecendo que ia pular em Maila. Mas ela se manteve calma, sem altear um canto sequer de seu rosto singelo.

"Tem todo o direito, vá em frente!"

Geórgia lembrou-se do modo como aquele estranho casal a tratou no dia em que disse que era sobrinha de Maila. Eles deveriam pensar como o tal homem. Eram do tipo que brigam por religião. Menosprezam o próximo por esse tipo de preconceito e outros mais, sabe se lá.

Dona Iolanda continuava...

– O homem, enfurecido falou, como que cuspindo as palavras sobre Maila:

"Que história é essa de pedir para as pessoas fazerem exercícios diários, cuidarem bem do seu físico tanto quanto do seu lado espiritual?"

Esse foi outro tema da palestra e a resposta de Maila soou novamente calma e precisa:

"Meu anjo, incentivar as pessoas a cuidar do físico tanto quanto do seu lado espiritual, tanto quanto de sua "cuca" é altamente espiritual. Porque é por meio desse físico que interagimos com tudo que há na vida da Terra.

De nada vale eu dar um passe sem aconselhar o individuo a cuidar devidamente de seu físico e de sua mente, pois vai chegar um ponto em que o passe não vai solucionar problemas causados pelos maus tratos físicos e mentais. Tenho de ser honesta sempre, explicar a todos que não adianta me procurar para tomar um passe para resolver seus problemas financeiros, causados por má administração econômica, sem lhe revelar que os espíritos não podem ajudá-los se eles não se ajudarem na prática, ou seja, aprendendo a administrar melhor suas finanças, seu orçamento mensal, é outro toque altamente espiritual que posso dar ao meu próximo.

Fazer todos compreenderem que oração só funciona com ação, de que nada serve orar se não investir, no seu crescimento pessoal e espiritual, na prática. Que não se deve desprezar a vida atual para esperar por uma melhor, que não se deve usar os espíritos como muleta por não querer assumir as responsabilidades sobre a vida, são, enfim, conselhos altamente espirituais para o próximo.

Aconselhá-lo a expandir seus sentidos para que possa compreender melhor o que digo!".

"A senhora está obcecada. Esse lugar está rodeado de espíritos maus, eu sinto! Isso aqui mais parece um SPA do que um Centro", revidou o homem.

Maila tomou fôlego e, enquanto observava o indivíduo com mais atenção, indagou:

"Você veio aqui para brigar comigo ou para juntos aprendermos um pouco mais sobre a vida?".

"Vim, porque me disseram que a senhora tinha o dom da palavra, só não pensei que a usasse para falar besteiras."

"Então, eu sinto muito. Peço para se retirar, pois não sou de briga."

"Mas a senhora tem que entender que está agindo errado!"

"Mas que preconceito tolo, onde já se viu? Sabe qual é a vantagem do tempo avançar?"

"Não", respondeu o homem, enfurecido.

"Pois bem, com seu avanço podemos raciocinar melhor, ampliar nossa visão de vida, compreendê-la melhor e, consequentemente, nos ver livres de coisas que nos magoam, além, é lógico, de experimentar coisas boas, melhores que outrora, quando não nos dávamos conta do que seria melhor para nós, enfim...

É graças ao avanço do tempo, de um melhor raciocínio, da ampliação da nossa visão de vida que podemos nos libertar da época da inquisição, onde a Igreja acreditava que quem fazia bruxaria deveria ser queimada viva na fogueira...

Compreender que o negro não era para ser escravizado...

Reformular e melhorar com o avanço do tempo o que carece ser melhorado...

Em outras palavras, será que todos os livros sobre Espiritismo contêm tudo sobre espiritualidade? Será que houve tempo suficiente para escrever tudo o que foi transmitido pelos médiuns? Não! E é por isso que médiuns continuam trabalhando nessa sintonia. Para captar o que ainda não foi captado, melhorar o que precisa ser melhorado e atualizado conforme a modernidade."

O homem passava a todos a impressão de que estava prestes a perder as estribeiras com Maila. Mas ela se mantinha em perfeito equilíbrio, sem se alterar em nada. Com ponderação ela perguntou a seguir:

"Por que briga tanto com os outros? Tenho a impressão de que compete com todos, é isso?"

"Eu, brigar?!", bramiu o homem, "Não brigo! Só defendo aquilo que acredito ser o certo a qualquer custo, com unhas e dentes, pois os outros também defendem o que acreditam, especialmente suas religiões. Se não respeitam a minha não devo respeitar a deles. Nenhum Espírita deve respeitar quem desrespeita o Espiritismo."

"Pagar o mal com o mal, é isso?", questionou Maila.

"Não! É defesa mesmo!"

"Se você não respeita a religião do próximo como quer que ele respeite a sua?"

"Ninguém respeita!"

"E por que todo mundo vai se atirar no poço você vai se atirar com eles?"

O homem ficou desconcertado.

"Creio que no plano espiritual, Kardec descobriu muito mais coisas do que pode nos revelar por meio de suas obras enquanto encarnado. Afinal, lá continuou seu aprimoramento... assim como ocorre com todos os espíritos."

"Todos nós uma vírgula, minha senhora! Com ele é diferente..."

"Diferente por quê?"

"Oras, porque ele é especial!"

"Mas não somos todos filhos de Deus? Do mesmo? Com a mesma alma. Então quem é mais ou menos especial na vida, no cosmos? Isso também é preconceito..."

O homem bufou.

"A senhora não tem mesmo jeito."

"E o senhor conseguiu me tragar para o seu campo de batalha. Sem querer, me deixei ser levada... Apesar de não ter alterado minha voz e estar serena, fui tragada... é incrível como a gente se deixa ser levada pelo negativo. Espíritos obsessores "encarnados" são fogo!"

Maila descobriu, por acaso, anos depois, que esse homem havia aberto um Centro, mas por ter poucos frequentadores, o que o deixou bastante desanimado e revoltado, acabou fechando o lugar e passou a visitar Centros bem frequentados onde, sempre, durante ou após uma palestra, fazia críticas e mais críticas ao palestrante e aos administradores do lugar. O que ele queria na verdade era anarquizar, voltar a atenção para si por ego e vaidade exacerbada e ignorância evolutiva.

Maila descobriu também que ele mandava cartas para as editoras que publicavam livros de médiuns apontando falhas, fazendo críticas indevidas às obras, ou acusando os médiuns escritores de imorais.

Soube-se mais tarde que ele também quisera escrever livros, mas como nunca os achava bons, rasgou todos e se revoltava com quem tinha a coragem e capacidade de ir até o final para ter sua obra publicada.

Dona Iolanda sorriu e completou:

– Apesar de não parecer, esse homem ensinou muito a Maila. É verdade, o nosso crescimento espiritual também se dá por meio desses choques de ideias.

Houve também algumas pessoas que se revoltaram com Maila quando ela, por meio de uma palestra falou sobre a importância do trabalho na nossa existência.

"Trabalhar é saudável", disse ela, causando grande impacto em alguns dos presentes.

"Voltaire captou muito bem a intenção de Deus com relação ao trabalho ao dizer que o trabalho nos livra de três males: a miséria, o tédio e o vício. E é verdade.

Trabalhar nos faz bem, e não é só pelo dinheiro, uma vez que se veem pessoas que atingem uma situação financeira estável e continuam a trabalhar, para espanto de pessoas em condições opostas que dizem: 'Se eu tivesse o que ele tem, eu não precisaria fazer mais nada!'.

Encontramos aí o motivo pelo qual ele não o tem, pois se o tivesse, estacionaria e isso não é saudável diante da natureza estipulada pelo Criador.

Você pode ter dinheiro suficiente para deixar de trabalhar, mas deixar de trabalhar pode fazer mais mal que o trabalho em si. Tanto é verdade que aquele que se aposenta e nada mais faz, logo desencarna.

Geórgia riu.

– É verdade, Dona Iolanda. Voltaire estava certo. Como não percebi isso antes?

Iolanda aquiesceu e continuou:

– Pois é, filha. Para ficarmos de bem com a vida, lidar com ela do melhor modo possível, mantendo a paz de espírito, é importante compreender que trabalho é intrínseco à vida. Não dá para viver sem trabalhar. Conscientizar-se a respeito dessa realidade imutável é importante, pois o fato de ter de trabalhar aniquila o prazer de viver de muita gente.

Ao contrário do que se pensa, explicou Maila, não foi o homem quem criou o trabalho, foi o próprio Criador e como sabemos disso? Simples, observando o fato de que para materializarmos seja lá o que for no planeta, requer nossa atuação, nosso trabalho. Nada se materializa por um passe de mágica.

Geórgia estava surpresa diante de tão sábias palavras.

– Esse mesmo pessoal que discordava de Maila nesse sentido, criticava muito o dinheiro. Maila então procurou abrir os olhos de todos, explicando que todos que se dispuseram e se dispõem a ajudar o próximo sabiam e sabem que o dinheiro é importante e que sem ele não há ajuda.

"Não podemos crer que iremos ajudar alguém só com auxílio espiritual. O físico requer alimento para se nutrir, roupa para vestir, banho, estudo, uma vida digna", percebem todos e por isso vão atrás de quem tem dinheiro para ajudá-los a fazer caridade, ou seja comprar tudo isso para os carentes e necessitados.

Com isso, Maila nos lembrava a importância de prosperar financeiramente, porque quando prosperamos, geramos empregos e mais empregos para o nosso semelhante o que é uma maravilha, pois assim ele adquire condições de sustentar sua família de forma honesta e positiva, bem como podemos ajudar carentes e necessitados.

Ela dizia também que devemos almejar prosperidade ao próximo, pois o sucesso de alguém financeiramente é o sucesso de muitos. Inclusive o nosso!

– Maila era muito sábia, Dona Iolanda – comentou Geórgia.

– Era muito instruída por amigos espirituais, filha, por isso dizia tão sábias palavras para abrir os olhos e o coração do próximo, ampliar seus sentidos.

– Que pena que não a conheci nessa fase da vida...

– Como dizem os espíritos: na vida nunca há tempo para tudo, por isso existem as reencarnações.

Geórgia deu sinais novamente de ter apreciado as palavras.

– Maila nos lembrou, porém – continuou Iolanda –, que devemos ajudar financeiramente alguém de modo sadio. Ajudar sem torná-lo um acomodado.

Certa vez veio um homem, um dos que cuidavam de um Centro numa cidade próxima daqui, veio pedir dinheiro para sua tia para reformar a sede do Centro em questão.

Maila explicou que os ajudaria com prazer. Iria até lá para dar uma palestra, fazer pinturas mediúnicas e, com a venda dos quadros, poderia ajudar na reforma.

Ele a cortou com palavras num tom áspero:

"Isso não funciona, precisamos mesmo é de dinheiro!"

"Mas vocês já tentaram fazer desse modo?", indagou Maila.

"Iche! Inúmeras vezes!"

"Bem", explicou Maila, "aqui eu faço assim e sempre obtenho resultado. Levantamos os fundos necessários para uma obra de caridade. Como a casa é minha, não necessito do auxílio e, por isso, destino inteiramente as doações para os mais necessitados."

O homem olhou para ela com certo desdém.

"Por que não tenta fazer o que sugiro a você?", incentivou Maila.

"Vou pensar", respondeu ele, secamente.

Após esse dia, na cidade vizinha, Maila ganhou o título de mesquinha, miserável e mau caráter. Lógico que ela não se deixou abalar por isso, lembrou que difamação muitos fazem, o que vale é estar consciente do seu caráter.

– Outra bonita passagem da vida de Maila, não? – comentou Geórgia, apreciativa.

– Sem dúvida, filha. Houve muitas mais, se quiser ouvir.

– Por favor.

Dona Iolanda continuou:

– Maila alertava algo muito importante sobre os médiuns. Ela dizia: há médiuns e médiuns. Uns que abrem o coração totalmente para a mediunidade e cumprem com grande êxito e modéstia sua missão. Doam-se por inteiro, fazem um trabalho social lindo, decente, magnífico e outros que acabam deixando o ego subir-lhes à cabeça, a ponto de se acharem mais do que maravilhosos, melhores e superiores que seus irmãos de alma. Com isso, acabam prejudicando a si mesmos e a terceiros.

Maila foi um desses médiuns que no início se deixou ser dominada por seu ego envaidecido. Mesmo com seu mentor chamando atenção para não permitir aquilo, ela continuou surda aos seus avisos.

Ela passou a visitar uma mulher muito doente, que mal saía da cama, era de dar pena. Ia vê-la toda vez que era solicitada e depois contava a todos o quanto era importante atender ao seu apelo e se vangloriava disso. Em outras palavras: inflamava o seu ego.

Certo dia, Maila acordou pensando nessa mulher e sentiu que precisava vê-la naquela hora. Ao chegar em sua casa de surpresa, encontrou a mulher zanzando por lá, cantando alto, esbanjando disposição.

Ao vê-la, essa mulher perdeu a cor e deu-lhe a desculpa de que havia melhorado muito, repentinamente. E dava-lhe graças por sua melhora, considerando-a responsável pelo milagre que a tirara da cama.

"Já que melhorou", disse Maila, "agora pode voltar a trabalhar, não?"

A mulher, fingindo dor na coluna falou:

"Ai, não vai dar não, Dona Maila... O médico disse que eu não devo me esforçar...".

Só então Maila percebeu que aquela *figura* era uma *sanguessuga,* aproveitava-se da bondade alheia para não ter de trabalhar. Ela compreendeu então que ao invés de ajudá-la estava estragando, mimando-a, prejudicando sua evolução que só se consegue quando se assume responsabilidades.

A partir desse episódio, concluiu que era importante consultar seu mentor antes de qualquer atitude e se certificar sempre, se não estava caindo sob o domínio do ego ou da artimanha de um semelhante que se recusa a assumir as responsabilidades que lhe cabem.

Não é preciso dizer que a tal mulher fingida nunca apareceu para trabalhar e nunca mais procurou por Maila.

Geórgia achou graça da história. Dona Iolanda, continuou:

– Maila chegou a receber também, aqui, uma outra mulher, mãe de três filhos, que vivia sempre muito doente. O marido a trazia para o Centro para ela tomar um passe e com ele, melhorar.

Então, certo dia, em meio ao passe, o mentor pediu a Maila que perguntasse a mulher o seguinte:

"Por quanto tempo mais você vai continuar enganando a si mesma? Eternamente?"

A mulher arregalou os olhos, chocada com a pergunta. O marido dela, também.

Maila prosseguiu a mando do mentor:

"Por quanto tempo mais você vai continuar explorando a bondade de seu marido, preocupando-o, deixando-o aflito, bem como a seus filhos? Você já não é mais uma criança mimada."

Maila chocou-se consigo mesma por ter tido a coragem de dizer o que seu mentor lhe pedira.

Pasmos, marido e esposa partiram, sentindo-se ultrajados, jurando nunca mais pôr os pés aqui. Maila ficou entristecida, afinal, por que dizer aquilo? Fora mesmo seu mentor quem lhe pedira para dizer àquela mulher aquelas palavras ou um espírito obsessor?

Duas semanas depois, o casal reapareceu.

A mulher estava mais corada, seu semblante mais vivo. Na hora do passe, o marido pediu à esposa:

"Fale mulher."

Ela travou a boca. Estava trêmula de ódio e também por se sentir humilhada. Seu rosto parecia em brasa. O marido, impaciente, acabou falando por ela:

"Minha esposa me confessou, minha senhora, depois daquela noite em que estivemos aqui para receber o passe, que ela fingia toda aquela falta de ar só para me prender em casa, testar o meu amor por ela, saber, definitivamente, se eu realmente a amava.

Se eu gostasse dela, de fato, ficaria ao seu lado toda hora que estivesse passando mal. Alegou que fazia o mesmo com os filhos para testar o amor deles por ela. Para prendê-los ao redor da sua saia, mantê-los sempre dedicados a ela."

Maila assentiu com a cabeça e deu-lhes o passe. Essa foi outra importante lição que ela aprendeu com seu mentor espiritual.

Nos dias que se seguiram, a mulher voltou a trabalhar em sua casa e com a ajuda de amigos espirituais começou a acreditar mais em si mesma, nos sentimentos do próximo por ela, sem ter de testar o amor por meio de fingimento.

Com o tempo aprendeu que ninguém pode tirar o que é seu por direito divino. E que todo amor não precisa viver preso numa gaiola para não fugir, que o amor é tal como um passarinho, nasceu para voar livre, leve e solto, porém, jamais distante de quem tanto ama. Passarinhos andam sempre em bando sem necessidade de estarem algemados um ao outro.

Geórgia gostou ainda mais dessa passagem da vida da tia.

Aproveitando o embalo, Dona Iolanda contou-lhe mais:

– Outro acontecimento bastante interessante que marcou a vida de Maila foi a que envolveu dois garotinhos, dois irmãos, que vinham sempre aqui pedir ajuda, pois o pai era muito doente, praticamente um inválido.

Maila ajudava a família com empolgação. Foi assim até que certo dia um dos irmãos, que se chamava Zezinho, perguntou a ela se não podia ajudar com uma quantidade maior de alimentos, pois a de sempre não era suficiente para a toda a família. Maila atendeu a solicitação, prontamente.

Um mês depois, Zezinho voltou a reclamar:

"O que a senhora dá *pra nóis,* dona... É muito pouco. Não dá *pra* todos lá em casa!"

Maila explicou à criança que, infelizmente, não poderia ajudar com mais, pois tinha de dividir os alimentos com as demais famílias carentes.

Zezinho resmungou algo e seu irmão, Marquinho, no mesmo instante deu-lhe um cutucão no braço.

"O que foi que você disse?", quis saber Maila.

"Nada não, senhora", adiantou-se Marquinho.

Zezinho, no entanto, desabafou:

"Bem que o pai disse! A senhora é *memo* muito pão-dura!"

"Fica quieto, Zé!"

"Mas é verdade! Tem tanto alimento aqui e ela nos dá tão pouco".

Maila tentou se explicar mais uma vez:

"Mas eu tenho de dividir com as demais famílias carentes, meu filho."

O menino sugeriu o que seu pai havia sugerido ao tocar no assunto:

"Dê só para algumas famílias!"

"Não é justo!"

O menino fez manha.

"Vai, dona, dá mais alimento *pra nóis,* vai..."

"Não posso."

Retomando sua real personalidade, Zezinho falou para o irmão:

"*Tô* falando, Marquinho, o pai disse, essa *muié* é pão-dura... O pai pode ficar *beldo* de vez em quando, mas que ele tá certo no que diz, isso tá!"

"Seu pai bebe?", surpreendeu-se Maila. "Não devia não, tomando remédios como toma, por causa da doença!"

O menino fez uma careta.

"Obrigado, dona", disse Marquinho com sinceridade.

"Traga seu pai aqui, filho", sugeriu Maila.

A resposta foi Zezinho quem deu:

"O pai?! O pai num levanta o traseiro do sofá nem para ir *no* banheiro. Fica lá o dia todo assistindo TV, xingando a mãe, bebendo pinga e mandando a gente pedir esmolas..."

"Mas e quanto ao estudo de vocês?", agitou-se Maila.

"O pai disse que estudo não enche barriga, dona. *Nóis* precisa *memo* é pedir ajutório, senão ele não consegue *comprá* a bebida dele e bate *ne nóis!*"

"Eu sinto muito."

Maila confirmou nesse dia de que haveria sempre gente que se aproveitaria da solidariedade ao próximo. Que cada médium deveria pedir ajuda ao seu mentor para saber o que fazer nesses casos. Assim ela foi informada de que nada era melhor do que ter órgãos de proteção à criança para não permitir que pais abusassem e explorassem seus filhos. O mesmo tipo de órgão deveria existir para proteger os animas indefesos.

Maila continuou ajudando os dois irmãos como pôde, mas ensinou algo precioso a ambos. Toda vez que o pai começasse a xingá-los, ou ameaçasse bater neles, que dissessem:

"Eu te amo, pai."

Quanto mais ele berrasse, mais repetissem:

"Eu te amo, pai."

Que fosse assim, até ele se acalmar.

Marquinho contou a Maila, tempos depois, que no início o pai reagiu exatamente como ela havia dito que reagiria, quanto mais ele falava "Eu te amo, pai", mais ele berrava. Somente ele ousou dizer aquilo. Zezinho se mantinha calado.

Um dia, o pai pegou Marquinho e deu-lhe uma surra. Zezinho, então, pela primeira vez, reagiu. Voltou-se para o pai e disse:

"Eu te amo, pai."

O pai ficou desconcertado e começou a chorar convulsivamente. Marquinho o abraçou e ficou repetindo:

"Eu te amo pai, eu te amo!"

Foi a primeira vez em que ele ouviu o pai dizer:

"Eu também te amo, Zezinho. Você também, Marquinho... Eu também te amo."

A partir daquele dia o pai começou a mudar.

Um dia, os meninos contaram a ele que fora Dona Maila que lhes pediu para falar aquilo e ele decidiu ir conhecê-la. Tomou banho com esmero, perfumou-se, vestiu a melhor roupa que tinha e foi só na companhia da mulher. Identificar-se-ia para Maila somente no momento que achasse conveniente.

Quando eles estavam para receber o passe, Maila disse o que o seu mentor lhe pediu para dizer:

"Eu te amo, filho, eu te amo".

O homem começou a chorar, Maila compreendeu então que ele era o pai de Zezinho e Marquinho e que o mentor o reconhecera.

Dona Iolanda fez uma pausa, enxugou os olhos e disse:

– Foi uma das histórias mais emocionantes vividas por Maila.

Geórgia concordou:

– Sem dúvida. Chega a arrepiar.

Nova pausa, Dona Iolanda então continuou:

– Foi por intermédio de seu mentor que Maila compreendeu que muitas pessoas interpretam papéis de pobres e coitadinhos para ganhar dos outros, o que devem ganhar por meio do trabalho que é fundamental para o seu desenvolvimento pessoal e espiritual.

Muitas andam o dia todo, pedindo ajutório e quando se oferece a elas um trabalho simples, tal como o de lavar o quintal da sua casa em troca de dinheiro, elas desconversam e alegam uma desculpa qualquer para não fazer. Elas querem ganhar, sem ter de trabalhar, um ganho fácil e é por isso que nasceram em condições que exigem que se trabalhe muito. Justamente para forçá-las a arregaçar as mangas, acreditarem em si... dedicarem-se aos estudos e a um aprimoramento profissional que permita a prosperidade em sua vida.

Quem considera certos trabalhos humilhantes, por Influência do ego e da vaidade desmedida, encontra trabalho só nessas áreas, justamente para se libertar dessa estreita visão da realidade. É o caso da empregada que tem vergonha de ir com o carrinho à feira, porque não quer ser reconhecida como empregada. É capaz de voltar, carregando tudo nos braços por isso. Olha a que ponto chega uma pessoa por causa do ego e da vaidade. Mas a vida a põe ali justamente para que perca essa tolice imposta pelo ego e vaidade desmedidos.

Observe que uma pessoa que está disposta a fazer qualquer tipo de trabalho, prospera rapidinho. Porque todo trabalho é digno. Quando estamos dispostos a trabalhar seja lá no que for, temos mais chances de conseguir um emprego.

Todos possuem capacidades internas. Fingir-se de coitado, incapacitado e pobrezinho para ficar mamando às custas de quem procura se aprimorar é uma afronta a si próprio, porque impede o espírito de se conhecer e desenvolver suas capacidades e potencialidades que o elevariam a níveis maiores de prosperidade.

A vida dá mérito para quem se dá mérito. Da mesma forma que dá oportunidades a quem as oferece aos semelhantes que procuram prosperar por mérito próprio.

Quando alguém perguntava:

"Como posso ajudar alguém sem estragá-lo?"

Maila, mais uma vez, respondia:

Ajudando, como um pai e uma mãe de bom senso ajudam seu filho nos estudos. Ou seja, cobrando deles um bom desempenho na escola, porque sabem que um bom resultado lhes trará sucesso na vida.

Não era só com os menos afortunados que Maila aprendeu muito sobre ajuda verdadeira ao próximo. Com os de classe média e ricos também. Muitos vinham de longe a fim de solucionar problemas judiciais, recuperar fortunas perdidas, enriquecer e, quando ouviam-na explicar que os espíritos não poderiam ser usados para fazer mágicas nesse sentido, decepcionavam-se e iam embora. O que revela, também, manha e comodismo prejudiciais ao equilíbrio físico e mental, evolução, em geral.

A mulher tomou ar e prosseguiu:

– Maila aprendeu muito também com os afortunados e de aparência benéfica para a sociedade. Foi com um pipoqueiro que ela teve esse grande aprendizado.

A mulher tomou ar e prosseguiu:

Certa vez... Maila foi conversar com um pipoqueiro que ficava a uns cem metros do portão do sobrado. Já fazia praticamente dois meses que ele vendia sua pipoca, ali, nos dias em que abríamos para palestras, orações e passes.

Assim que ela disse quem era, o pipoqueiro lhe pediu desculpas por estar ali. Maila lhe informou que não estava ali para recriminá-lo e, sim, para saber por que ele ficava tão longe, que poderia ficar próximo ao portão do sobrado para facilitar o acesso das pessoas à pipoca.

O pipoqueiro, espantado, explicou que agia daquela forma, porque antes costumava ficar próximo à entrada da sede de uma certa religião e que, certo dia, a mãe do dono da igreja foi pedir a ele para sair dali, que ficasse a uma quadra de distância do local, para não atrapalhar a entrada dos fiéis.

Tempo depois, ele soube que a mulher havia aberto uma lanchonete dentro da igreja e por isso o afastou da porta, para não prejudicar suas vendas.

Desde então, o pipoqueiro decidiu mudar de lugar por perceber que a índole dos donos da igreja não era nada compatível àquilo que pregavam, nada compatível ao que Jesus ensinou. Que, na verdade, usavam Cristo para enriquecer as suas custas.

Desde então, pediu a Deus que o guiasse até um local mais propício para fazer seu trabalho.

Foi num dia, perambulando pela cidade, que ele viu uma aglomeração de pessoas aqui, em frente da casa, e veio saber o que era, quando soube tratar-se de um Centro, decidiu fazer daqui seu novo ponto, porém, se manteria a uma quadra de distância para evitar confusão.

Nem quis saber sobre a índole dos donos, temeu que fossem da mesma laia dos outros e se assim fosse, ele sentiria novamente intimidado e forçado a mudar, o que não poderia, pois dependia da venda da pipoca para sustentar seus filhos.

Depois do encontro com Maila sua vida mudou, ele não só lhe agradeceu profundamente, como a Jesus, por tê-lo guiado a um local mantido por pessoas com o coração verdadeiramente Cristão.

– É, pelo visto temos que estar sempre atentos ao lado oculto das pessoas...

– Sim. Daí a importância de estarmos sempre ligados às forças espirituais.

Dona Iolanda fez uma pausa antes de prosseguir:

– Maila alertava as pessoas, também, a respeito de algo muito importante. As religiões aconselham todos a ajudar o próximo, o que é uma atitude Cristã; temos, entretanto, de ficar atentos a pessoas que se aproveitam desse conselho para fins perigosos.

Contava sempre o caso de uma mulher que foi tarde da noite, à casa de Joaquina, uma conhecida sua e lhe disse que um dos padres da cidade havia pedido que ela ou algum membro de sua família a levasse de carro, de volta a sua cidade que ficava vizinha àquela, pois ela havia perdido o último ônibus e tinha filhos para cuidar.

Joaquina se desculpou com a mulher por não poder ajudá-la, uma vez que estava com o carro na oficina.

A mulher insistiu.

Joaquina pediu-lhe, então, que voltasse à casa dos padres e explicasse a situação e, quem sabe um deles, poderia lhe prestar o favor.

A mulher fez uma careta, agradeceu e partiu. Joaquina ficou com dó da mulher, mal dormiu a noite por isso.

No dia seguinte, soube que estava havendo um golpe na praça, a pessoa ia até a casa de alguém e lhe contava essa mesmíssima história e, quando a pessoa pegava a estrada, ela era informada de que aquilo era um assalto, que parasse o carro, descesse e depois fugia, levando o veículo.

Por isso é sempre bom refletir um pouco, antes de ajudar alguém. Um desconhecido pedir ajuda altas horas da noite, é deveras estranho. Se precisava tanto por que não procurou um órgão da cidade para esses fins. A polícia, por exemplo?

Uma outra amiga de Maila, que morava numa cidade grande, contou que certa noite foi a um restaurante e, na saída, por volta das 23 horas, foi abordada por um rapaz, pedindo um trocado. Quando ela abriu a bolsa para pegar a carteira, ele avançou sobre ela, só não foi mais longe, porque o porteiro do restaurante apareceu e o afugentou.

Ela duvidou que o rapaz fosse assaltá-la. Então o porteiro lhe fez uma pergunta para refletir: "A senhora não acha estranho que um rapaz fique na rua até essa hora para pedir ajutório? Há, certamente, um horário mais adequado para fazer isso, e, preferencialmente, à luz do sol, não num lugar de pouca luz como aqui. E mais, um garoto daquela idade já deveria estar na cama àquela hora para acordar disposto para os estudos no dia seguinte."

Maila nos fez compreender que muitas pessoas se aproveitam do nosso sentimento de culpa e pena para realizar planos malvados. Por isso, devemos ficar atentos. Ajudar sim, mas da forma, hora e em local adequados.

Uns dizem que devemos ajudar alguém independentemente de qualquer coisa, mas Maila nos lembrava que pais responsáveis ajudam seus filhos de forma sadia, conforme o empenho na escola. Caso tornem-se relapsos com os estudos, mesadas não terão.

Pais responsáveis agem assim para garantir um futuro promissor para seus filhos; caso contrário, vão sofrer as consequências negativas por não terem se empenhado o suficiente nos estudos, por não terem se tornado bons trabalhadores, bons profissionais.

É natural fazer esse tipo de exigência. Até a mãe natureza exige de nós responsabilidades para com ela. Se a tratamos mal, recebemos as consequências negativas por termos agido assim. As leis divinas idem. Sabemos bem disso através do Espiritismo.

Maila achava bárbaro pessoas que se oferecem para carregar sacolas nas feiras em troca de gorjeta porque essas estão oferecendo um trabalho em troca de remuneração. Estão se mostrando dispostas a trabalhar.

Dona Iolanda suspirou e finalizou:

– Há tanto para se aprender na vida, não, filha? Tanto a se aprender com a vida...

Geórgia, pensativa, perguntou:

– Com a Maila a senhora quer dizer?

– Não filha, com a vida mesmo. Maila era apenas um canal, assim como eu, você, todos nós. A sabedoria vem de Deus, do Além, dos espíritos de luz, em altíssima evolução.

Capítulo 16

Houve um breve momento de reflexão até que Geórgia perguntasse:

– E o que há lá Dona Iolanda? O que ocorre quando o espírito chega ao plano espiritual?

– Há colônias. Os espíritos têm procurado descrever essas colônias por intermédio de médiuns capacitados... Essas informações futuramente virarão romances... livros de profundo esclarecimento. É preciso sempre lembrar que há muitos médiuns do bem espalhados pelos quatro cantos da Terra, em contato direto com forças superior em prol do progresso da vida no cosmos, em prol de uma vida melhor na Terra.

Geórgia refletiu mais uma vez e depois disse:

– Ainda assim, tudo que a senhora me contou não prova, concretamente, que o espírito sobrevive à morte, muito menos que o espírito pode se comunicar por intermédio dos médiuns. O trabalho de Maila foi real, sua dedicação para com o próximo, carentes e necessitados real, mas não prova, a meu ver, que o ser humano continua vivo após a morte e ainda pode se comunicar com os vivos.

Dona Iolanda fez ar de compreensão.

– Eu entendo você. Para muitos, é difícil mesmo de acreditar. Tudo e todos têm seu tempo para despertar.

– Ah, Dona Iolanda... – suspirou Geórgia. – Eu queria tantas respostas para as minhas perguntas.

– Todos querem, filha. O importante é saber que quando estamos preparados as respostas vêm, enquanto isso precisamos praticar o Evangelho no lar.

Geórgia tornou a suspirar e disse:

– Se existe mesmo vida após a morte por que nunca vi meu *alguém especial?* Queria tanto, para matar um pouco da saudade.

Dona Iolanda assentiu.

– Ver o espírito ou sentir sua presença é um dom que para muitos ainda precisa ser desenvolvido. Mas aquele seu alguém especial está bem, acredite. Lembro-me bem de quando esteve aqui... Jamais esquecerei.

Geórgia, olhando mais atentamente para mulher, explicou:

– O meu *alguém especial* jamais esteve aqui, Dona Iolanda.

A senhora ia dizer alguma coisa, mas optou por outra resposta:

– Consulte o seu coração, Geórgia. Abra os sentidos, veja a vida com a amplitude da alma...

As palavras ficaram ecoando por entre os pensamentos de Geórgia. Pareciam ter um significado mais profundo do que os seus sentidos podiam captar.

Quantas revelações num dia só, pensou ela. Se a casa não tivesse sido deixada por herança para ela, não teria descoberto nada daquilo, nada sobre a vida, não teria saído do apartamento, salvado o adolescente do afogamento, conhecido seu Juvenal, realizado os sonhos de Vitória, feito companhia a Jeremias, ajudado Dona Iolanda quando mais precisou, conhecido Ângelo e Ivan... Se a tia não tivesse se lembrado dela, mudado o testamento a seu favor...

A última frase ficou se repetindo em sua mente: "Se a tia não tivesse se lembrado dela, mudado o testamento a seu favor... Na última hora..."

Não era somente essa frase que ecoava em sua mente, aquela que havia interpretado como alucinação por parte de Dona Iolanda também se repetia:

"Mas aquele seu *alguém especial* está bem, acredite. Lembro-me bem de quando esteve aqui... Jamais esquecerei."

A seguir ecoou a resposta que ela deu à mulher:

"O meu *alguém especial* jamais esteve aqui, Dona Iolanda."

Geórgia parou de súbito, não conteve a emoção, nem o choro... Olhando para o céu, paralisou. Seu coração batia forte enquanto seus pensamentos se tornavam cada vez mais claros.

– Não pode ser... – murmurou – aquilo era impossível, impossível...

Uma onda de calor percorreu seu corpo enquanto a cabeça raciocinava a mil.

A tia recebia visitas... visitas vindas do Além..., lembrou a si mesma.

Novamente as palavras de Dona Iolanda ecoaram em sua mente:

"Mas aquele seu *alguém especial* está bem, acredite. Lembro-me bem de quando esteve aqui... Jamais esquecerei."

E Geórgia tornou a repetir:

– Não pode ser... Não pode... É impossível...

– O que é impossível, Geórgia? – indagou Iolanda, amavelmente. – Nada no mundo é impossível.

Antes que ela pudesse responder, a mulher estendeu um envelope para ela e, docemente, falou:

– Maila me pediu para lhe dar isso num momento propício. Bem, creio que o momento chegou.

Geórgia pegou o envelope com mãos trêmulas. Olhou para ele com lágrimas, aflorando de seus olhos.

– O que está escrito aí foi psicografado por mim. Ditado por Maila. Ela não teve tempo de escrever em vida, por isso escreveu o que está aí por meu intermédio. Se comparar a caligrafia, verá que é idêntica a de sua tia em seus diários, provando definitivamente que foi ela quem escreveu linha por linha desta carta. Vou deixá-la a sós para ler à vontade. Se precisar de mim, querida, estarei em minha casa. Até logo.

Sem mais, Iolanda partiu, apoiando-se na sua bengala.

Geórgia então se sentou numa cadeira de vime que havia por perto, tirou a carta do envelope e começou a ler. A caligrafia era realmente a mesma encontrada nos diários de Maila.

Querida sobrinha Geórgia...

Achei que seria melhor lhe escrever essa carta para ajudá-la a compreender os últimos acontecimentos que cercaram a sua vida. Responder às perguntas que atormentam o seu universo mental, se não a todas, pelo menos a boa parte delas.

Um dia o seu alguém especial veio me ver... Foi logo após o seu desencarne. Conversamos um bocado, sabe? Um espírito maravilhoso, com quem me simpatizei de imediato.

Conhecendo você muito bem, o espírito me pediu para ajudá-la. Sabia que iria perder o encanto de viver por não estar mais na sua presença. Que mergulharia num poço fundo do desespero e da depressão, que seria atormentada até mesmo por pensamentos suicidas. E nada disso poderia acontecer a você, pois sua missão na Terra ainda não havia sido cumprida. E cabe a cada um cumpri-la e não, fugir dela.

Por isso pediu que eu a ajudasse a cumprir sua missão... Que a amparasse, que a resgatasse da saudade, da dor, do desespero e do poço fundo em que foi parar com a sua perda. Que não fizesse do seu luto um luto eterno. O que ninguém deve fazer porque a vida continua, sempre continua, e necessita de todos para prosseguir.

Eu prometi ao seu alguém especial ajudá-lo e foi assim que a calmaria voltou a cobrir seu espírito amoroso, agora desencarnado.

A princípio eu não sabia como ajudar você, Geórgia. Não, mesmo. Mas meus amigos espirituais me disseram que me guiariam... Iluminariam minhas ideias para eu poder encontrar uma forma de ajudá-la. Foi então que me lembrei da casa... da minha casa que também era um Centro e que recebia centenas de pessoas todos os anos para elevar o bem Cristão.

Eu, sem pensar duas vezes, chamei o advogado e refiz meu testamento pondo você como herdeira da casa onde vivi com meu marido nos últimos 30 anos. A herança a forçaria a deixar sua casa onde se trancafiou após o luto, faria com que você respirasse novos ares, conhecesse novas pessoas, descobrisse que ainda tinha muito que fazer na Terra, por si mesma e pelo próximo e compreenderia de vez o porquê a vida lhe pedia para continuar neste plano de vida.

Dias depois percebi que deixando-lhe a casa por herança, seria também a forma ideal de preservá-la para o uso do bem no plano terrestre. A forma ideal para que meu trabalho continuasse ajudando pessoas e mais pessoas. Não me foi revelado como isso exatamente aconteceria, só foi pressentido.

Pedi então a Iolanda, que pode me ver e ouvir por meio da sua mediunidade evoluidíssima, que escondesse de você, temporariamente, minha ligação com o Espiritismo para não assustá-la, impedir você de frustrar meus planos bem como de seu alguém espiritual e dos espíritos que regem a nossa equipe de médiuns.

Há muito preconceito em torno do Espiritismo. Dizem que no futuro, por meio de um brasileiro, esse preconceito diminuirá. Mas isso ainda leva tempo...

Bem, Geórgia, essa é toda a verdade em torno da herança que deixei para você. Espero que me compreenda, mais do que isso, que entenda de uma vez por todas que seu alguém especial sobreviveu à morte, que ainda a ama e que a vida sempre continua, tanto aí, na Terra, quanto aqui, no plano espiritual.

No mais, desejo-lhe paz e amor. Que seu coração transborde de bondade e bom senso para que você destine essa casa para o melhor que pode ser feito com ela em prol do próximo.

Sem mais palavras, com carinho, sua tia Maila.

(Havia uma subcarta a qual Geórgia comentará logo a seguir.)

O rosto de Geórgia estava completamente riscado de lágrimas quando terminou de ler a carta. Não eram propriamente lágrimas de tristeza, mas de emoção.

– Então foi isso... – murmurou ela. – Inacreditável...

Quando olhou para o lado avistou Ivan, aguardando ser notado por ela. Ele também aguardou que ela dissesse alguma coisa o que não aconteceu, a emoção não permitia, calava-lhe totalmente a voz. A única atitude que ela tomou foi lhe dar a carta da tia para que ele pudesse lê-la. Ao término da leitura, comentou:

– Agora, tudo faz sentido, Geórgia.

– Sim, Ivan. Tudo.

Ela respirou fundo e continuou:

– O que Dona Iolanda dizia a respeito do meu *alguém especial* não era maluquice da cabeça dela. Foi o que de fato aconteceu. Seu espírito esteve aqui e ela o viu. E de fato o que mais o preocupava era como eu ia reagir após sua morte. Meu *alguém especial* me conhecia mesmo profundamente e jurou que não sossegaria, mesmo depois da morte, se me visse em desespero, fechada num luto eterno.

– Então é verdade... A vida continua mesmo...

– Sim, Ivan, sempre continua... E não é só do lado de lá, percebo agora, mas do lado de cá, também.

A parte que mais me emocionou na carta foi quando ela disse que era para eu não me preocupar com o meu *alguém especial*, pois da mesma forma que há inúmeras pessoas para receber um bebê quando nasce, há no plano espiritual inúmeras pessoas para receber o espírito quando chega a hora de partir da Terra. Mais do que isso, há médicos, enfermeiros, pessoas de todas as áreas para acolher aqueles que chegam lá, fragilizados por causa de uma doença carnal que afetou o espírito.

– Surpreendente, não? Tão surpreendente foi o que ela disse a seguir. Que as pessoas desgostosas com a vida no plano terrestre não se sintam estimuladas a mudar para o plano espiritual visto que ali são recebidas com todo esse aparato. Quem foge da sua missão na Terra por meio de um suicídio comete uma falta grave diante do Criador e um atraso enorme no caminho da sua evolução espiritual.

– Então o segredo mesmo é viver e com letras maiúsculas. Continuar dando o melhor de si pela vida.

– E quando se diz VIDA, Geórgia, refere-se a tudo que ela engloba, especialmente aqueles que precisam de uma mão amiga, um ombro de algodão, um amparo em todos os sentidos. Tal como a pequena Vitória. Antes de qualquer um se fechar para a vida por luto, deve e pode olhar além, para aqueles que precisam dela própria para continuar a sua missão de vida.

Ivan estendeu a mão para a Geórgia e assim que ela se levantou ele a abraçou. Ela então chorou em seu ombro amigo, um ombro de algodão, como ele mesmo dizia.

Somente quando ela pareceu mais equilibrada, é que ele disse o que pensara pouco antes:

– Eu acho que sei, agora, de quem são aquelas cartas que há na caixa preta de papelão que está guardada no guarda-roupa de Maila.

Geórgia olhou-o com certa surpresa. Minutos depois, Ivan voltava com a caixa até a sala, colocou-a sobre a mesinha de centro, pediu um minuto à Geórgia para ir apanhar Jeremias, trazê-lo para ficar ao lado deles, deitadinho no sofá. Quando tudo se ajeitou, ele começou a ler as cartas que havia na caixa em questão. Pelo menos um trecho de cada uma delas... Cartas escritas em diferentes caligrafias, mas pelas mãos de uma mesma mulher: Maila.

Querida esposa, escrevo para dizer que estou bem apesar dos pesares. Que me recupero a cada dia num dos hospitais da colônia espiritual para a qual fui destinado. Aqui sou assistido por médicos e enfermeiros, almas dispostas a socorrer aqueles que muito precisam. Que chegaram aqui depois de acidentes, como eu.

O hospital recebe a visita de amigos espirituais vestidos de palhaços para alegrar quem aqui está internado. Despertar algo de positivo dentro de cada um, dar uma injeção de ânimo.

Venho por meio desta, pedir-lhe algo muito importante, a você e toda a minha família: perdoe ao bêbado que perdeu a direção e atingiu meu carro. Foi um ato feito por descontrole emocional, não proposital.

Um ato que afetou sua vida tanto quanto a minha, apesar de não parecer. Ainda que seja difícil, perdoar é preciso, porque a mágoa, o rancor e a revolta vão afetar muito mais quem os tem do que quem não tem. Não vale a pena viver assim, por isso libere isso de você, perdoe... Quero vê-la novamente acreditando na vida, seguindo em frente, sendo feliz... Um dia nos encontraremos, não por meio da morte, mas por meio da vida eterna.

Com carinho, seu fiel, Rubens

Noutra carta lia-se:

Querida Marisa, não tive tempo de lhe dizer o quanto eu também te amava reciprocamente. Ensaiei tanto para te dizer, mas sempre deixava para depois. Acho mesmo é que eu tinha vergonha de expor meus sentimentos. Sempre tive, por isso era tão fechado. É incrível como podemos passar uma vida inteira sem ter a coragem de dizer, olhos nos olhos, palavras simples como um "Eu te amo".

Eu não ia sossegar enquanto não te dissesse, por isso vim até esse Centro porque me disseram que por meio dessa médium eu poderia chegar até você...

Noutra, lia-se:

Caro Henrique
Escrevo, para pedir a você que se perdoe por não ter ido ao meu encontro naquela noite em que passei mal. Você estava bêbado naquela hora, se tivesse saído de sua casa no campo, embriagado como estava, poderia ter provocado um acidente durante o trajeto, o que só serviria para complicar as coisas. Não se culpe por ter bebido, você estava numa festa e em festa bebemos mesmo para nos soltar e nos divertir. Para isso as bebidas foram criadas. Você não podia supor também que eu fosse passar mal, que naquele dia teria de percorrer 50 KM para me socorrer. Se tivesse imaginado, teria tomado uma outra atitude naquela noite. Por isso, insisto, não se culpe mais. Eu não o culpo, jamais o culpei. Onde estou a vida continua e hoje sei que quando nos permitimos estudar os acontecimentos que nos cercam com os olhos da alma, encontramos compreensão...
Seu irmão, Douglas.

Em outras cartas lia-se:

...Perdoo por não ter atendido ao telefone quando liguei, precisando de ajuda. Se o perdoei perdoe a si mesmo e lembre-se de que a vida continua, tanto aqui, no plano espiritual quanto na Terra e ninguém pode fazer o seu

melhor, cumprir a sua missão, ficando preso a um sentimento de culpa, ódio, revolta e mágoa...

Assinado: Tereza.

...Querido tio, sei que sua intenção foi boa ao me dar aquela mesada mensal para eu poder me divertir com meus amigos no fim de semana. Não se culpe pelo que me aconteceu, não ache que se não tivesse me dado a mesada eu não teria saído de casa para me divertir e morrido daquela forma. O que aconteceu, aconteceu, paciência. A vida é assim mesmo, cheia de imprevistos. Por isso, pare de se sentir culpado e a insônia o abandonará. Estou bem aqui ao lado de vovô e vovó. Eles têm sido ótimos para comigo e juntos fazemos planos para o nosso futuro, um futuro que será marcado pelo nosso reencontro.

Assinado: Jonathan.

De Neuza para Deoclécio:

Eu ainda o amo, meu amor. O que procura está no fundo falso do guarda-roupa embutido no quarto de costura.

De Carina para os pais...

...Papai, mamãe, estou bem... Só não fico bem quando sinto que vocês não estão bem. Vocês dois precisam se reerguer... Olhem ao redor de vocês com bastante atenção e encontrarão pessoas e mais pessoas precisando de vocês, de calor humano, de um ombro amigo, de uma palavra de incentivo. Foi difícil para mim ter de me separar de vocês, da mesma forma que foi difícil para vocês. Mas de que valeria chorar infinitamente se o choro não pode nos unir, só nos deixa mais deprimidos, estagnados na vida. Por

isso reagi, estou na ativa mais uma vez, por aqui há também muito a se fazer. Quero vê-los reagindo. Quando menos vocês pensarem, estaremos juntos novamente.

Beijos da Carina.

De Thiago para seus pais.

A arma que me matou, papai, mamãe, disparou acidentalmente. Se fosse proposital eu diria. Mas foi mesmo um acidente.

Sei que vocês não me acreditaram, sempre foram muito céticos com relação ao sobrenatural, mas eu tenho como provar que sou eu mesmo, Thiago, filho de vocês quem escreve por intermédio dessa médium. A cor que a senhora mais gosta é o amarelo e o papai, marrom. A sobremesa favorita da senhora é manjar e a do papai, pé de moleque. O presente de aniversário que a senhora mais gostou de receber foi aquele corte florido com que fez aquele belo vestido.

Amo muito vocês dois, Thiago.

De Suzana para os pais...

Queridos pais, sei que os fiz sofrer muito com a minha morte naquelas condições. Fiquei fraca da cabeça, a paixão me deixou assim, era imatura demais, perdoem-me. Estou aprendendo muito aqui por meio de palestras que nos ensinam a viver melhor, lidar melhor com o nosso emocional.

Ainda não me perdoei pelo que fiz, mas creio que não conseguirei enquanto vocês também não pararem de achar que foram culpados pelo que me aconteceu.

Amo vocês, Suzana...

A carta de uma mãe (desencarnada) para sua filha (encarnada).

Você não se cansa de querer saber por que Deus não salvou seu filho da morte se Lhe pediu tanto, não é mesmo, Olga? Quantos e quantos motivos não nos fogem à razão, não é mesmo, filha? Mas hoje sei que nada é em vão. Se seu filho desencarnou foi porque essa foi a melhor maneira de preservar sua essência, sua alma. Deus sabe o que faz. Hoje ele está aqui ao meu lado, é uma criança sadia de rosto corado, brinca pelos jardins da colônia, desenha que uma beleza. Ele logo voltará à Terra e vocês vão descobrir que é ele por meio do abraço, o abraço inconfundível que só ele sabia lhes dar.

De um mentor para o Centro de Maila.

A vida sempre continua, nada no Universo para nem que seja por um milésimo de segundo. É um carrossel em constante movimento, um moinho que mantém a vida em perfeito funcionamento.

Uma folha que é tirada de um galho pelo outono volta à vida tempos depois, porque voltou para a terra e a terra se incumbiu junto de microrganismos de transformá-la em matéria que permitirá seu renascimento logo mais.

A água que evapora vai pro céu e do céu volta em forma de chuva. A onda que morre na praia volta para o mar e vira nova onda. O sol que sai, vai brilhar no dia seguinte, alimentando a vida novamente. É um ciclo para o bem. Um ciclo de renascimento constante porque a vida não pode parar, é para continuar para todo o sempre...

Numa pausa da leitura, Geórgia comentou:

– É incrível tudo isso. Tocante demais. Jamais pensei que me envolveria com algo assim.

– Nem eu – completou Ivan. – O que mais me comove nisso tudo é o quanto se salienta a necessidade de continuar seguindo em frente, depois da perda de seu ente querido, para podermos cumprir a nossa missão de vida.

– Sem dúvida – concordou Geórgia com um aceno de cabeça. – O que mais me surpreende nisso tudo é o fato de minha vida ter sido transformada tão radicalmente por causa de uma herança, sugerida pela pessoa que mais amei e que agora habita o outro lado da vida.

Ivan olhou bem para a amiga e perguntou:

– E agora, Geórgia? Depois de tudo o que descobriu, o que pretende fazer com a casa?

Geórgia ainda não sabia o que responder.

Capítulo 17

Nos dias que se seguiram, Geórgia decidiu ficar na cidade por mais tempo. Não era por ela, era por Jeremias, Vitória, a avó de Vitória, Ivan, Ângelo, Dona Iolanda que ainda estava se restabelecendo... Pessoas e mais pessoas que precisavam dela ali. Havia se passado um mês desde que ela conhecera Ivan e os dois estavam juntos mais uma vez no sobrado. No jardim, precisamente, local que ele achou mais propício para se declarar a ela.

– Hoje faz um mês que eu parei de beber, Geórgia e devo isso a você. Você mudou a minha vida, Geórgia. Deu um novo sentido para ela. Fez com que eu visse uma vida além da necessidade de me encharcar de bebida alcoólica. Sou muito agradecido a Deus por ter me feito encontrá-la. Ao Ângelo, meu filho, que nos apresentou. Insistiu para que eu mudasse para esta cidade.

Geórgia com lágrimas nos olhos, falou:

– Você também mudou a minha vida, Ivan. Despertou uma vontade de viver que eu já não sentia mais. Sou também muito grata a Deus por nossos caminhos terem se cruzado.

Ivan foi até ela, levou sua mão até seu rosto para acariciá-lo e, mirando fundo em seus olhos lacrimejantes, afirmou apaixonadamente:

– Eu a amo, Geórgia.

Os lábios dela tremeram, por mais que tentasse não conseguiu expressar suas emoções. Ele então a beijou, leve, a princípio e intensamente quando suas defesas cederam. Era o amor reinando outra vez entre os dois, um amor que há muito deixara de iluminar suas almas.

– Oh, Geórgia, eu a amo tanto. Tanto... Quero me casar com você.

Ela, finalmente, falou:

– Eu também, Ivan. Você fez com que eu me sentisse novamente amada, aberta para o amor...

Era quase um sussurro, rouco.

– Mesmo? – indagou ele.

– Mesmo – afirmou ela, apaixonadamente.

Um novo beijo se deu, apaixonado. Minutos mais tarde, depois de ficarem abraçados, envoltos naquela paz que só o calor humano transmite, Geórgia explicou:

– Decidi ficar com a casa, Ivan.

Ele, sorrindo falou:

– Eu já esperava por isso.

– Assim farei todos felizes e também a nós dois. Eu, sinceramente, acho esse lugar muito aconchegante, será perfeito para morarmos.

– Eu sempre gostei desta casa. Desde que pus os pés aqui, afirmei que ela tinha o poder de nos fazer bem.

– Eu também senti isso desde que aqui cheguei. Hoje sei, que essa energia existe por ser amparada e protegida por espíritos de luz.

Ela pegou pelo punho dele e o puxou.

– Venha, vamos dar a notícia ao nosso velho amigo Jeremias.

Diante do cão, Geórgia falou desembaraçada, sem mais se achar ridícula por estar falando com um animal.

– Meu caro Jeremias, devo a você também grande parte do novo rumo que a minha vida tomou. Se você não tivesse me forçado a levá-lo para a sua volta habitual, eu não teria conhecido Ângelo, tampouco Ivan. Você foi, indiretamente, um cupido.

O labrador, olhos atentos para ela, latiu como se tivesse entendido tudinho.

Geórgia então o abraçou e disse ao pé da sua orelha:

– Não se preocupe mais, meu querido. Nós ficaremos com você, cuidaremos de você com o mesmo carinho de Maila e Theodoro.

O cão voltou-se para ela num movimento rápido e começou a lamber sua orelha, provocando-lhe risos.

Ainda era admirável para Geórgia perceber o quanto um cão podia mudar a vida de uma pessoa, como Jeremias fez com ela. Ele também era um dos salva-vidas enviados por Deus, porque, no fundo, direta ou indiretamente, salvara a sua vida.

O próximo passo de Geórgia foi dar a grande notícia a todos os conhecidos que fez desde que ali chegou. Dona Jurema deu pulos de alegria, chorou, abraçou Geórgia e depois confessou:

– Minha querida, perdoe-me por ter mentido para você. Mas foi uma mentirinha para o seu próprio bem.

– Mentirinha para o meu próprio bem? Do que a senhora está falando?

A mulher corou. Fez beicinho e falou:

– O advogado, bem, ele nunca se ausentou da cidade, foi uma mentirinha que eu e ele inventamos para dar a chance

257

a você de conhecer melhor a casa e mudar de ideia quanto a sua venda.

– A senhora quer dizer que o advogado esteve o tempo toda na cidade?

A mulher corou ainda mais e respondeu:

– E você até cruzou com ele pela rua enquanto passeava com o Jeremias.

Geórgia estava abobada.

– Perdoe-me, querida.

Geórgia, desanuviando o cenho, declarou:

– Está perdoada, Dona Jurema. Afinal, a mentirinha foi por uma boa causa.

– Ufa! – suspirou a mulher.

Jeremias latiu como que em concordância.

– Houve uma outra também – continuou Dona Jurema com certa insegurança na voz.

– Outra?

– Sim. Minha cadelinha já morreu faz um ano, eu precisava forçá-la a ficar com o Jeremias para que descobrisse seu encanto e ficasse com ele para o seu próprio bem.

Geórgia demonstrou espanto mais uma vez.

– Desculpe-me, querida. Mas...

– Eu já sei, Dona Jurema. Foi mais uma mentirinha para o meu próprio bem.

– Exato, filha.

A seguir Geórgia, Ivan e Jeremias foram até a casa de Dona Iolanda e seu Abner dar-lhes a boa notícia. A vibração dos dois não foi menor que a de Dona Jurema. O próximo a ser informado foi seu Juvenal.

– Fico feliz por você, Geórgia – congratulou o homem.

– Você merece ser feliz.

Chegou a vez, então, de informar Dona Divina e Vitória.

– Oh, filha, mas que notícia mais maravilhosa! – exclamou Dona Divina. – Faço votos que vocês sejam muito felizes.

– Obrigada, Dona Divina. Tenho também algo muito importante para lhe falar, diz respeito a pequena Vitória. Eu e Ivan gostaríamos de adotá-la. Ficar com sua guarda.

– Jura, filha? Mas que notícia maravilhosa. Estou sem palavras...

Os olhos da mulher lacrimejaram.

– Agora posso morrer em paz – declarou. – Ou melhor, fazer a travessia em paz. Sempre me preocupei com o destino de Vitória após a minha morte. Afinal, não temos familiares para ficar com ela. Ainda que tivéssemos, teria de ser alguém com caráter, brio, que cuidasse dela devidamente. Com vocês, Geórgia e Ivan, sei que ela estará em boas mãos.

A mulher pegou nas mãos de Geórgia e as apertou.

– Obrigada, filha, muito obrigada. Bendita hora em que Maila deixou essa casa para você. Forçando-a vir até esta cidade e...

A senhorinha não conseguiu terminar a frase, chorou. Geórgia a abraçou e chorou com ela, enquanto a última frase da mulher se repetia em seu mental: "Bendita hora em que Maila deixou essa casa para você. Forçando-a vir até esta cidade!".

Só agora ela percebia que seu *alguém especial* também fora responsável por tudo aquilo de bom que estava acontecendo a ela e a todos que a cercavam, pois fora ele quem viera até Maila pedir-lhe gentil e encarecidamente que fizesse alguma coisa por ela, para resgatá-la do luto que a deprimira tanto a ponto de querer atentar contra a própria vida. Ainda bem que sobrevivera, pois pôde ajudar uma criança tão linda quanto Vitória e um cão tão amoroso quanto Jeremias, sem contar tudo e todos mais.

Era incrível para Geórgia perceber que a ajuda destinada a um semelhante auxiliava direta e indiretamente outros mais. Era uma corrente linda e maravilhosa. Uma corrente de Deus.

Diante de Vitória, Geórgia falou:

– Vitória, meu amor, você no futuro viverá comigo e Ivan.

Os olhos da menina se arregalaram.

– É mesmo?

– Sim, querida. Na casa que fora de Maila e que agora é nossa.

A menina, olhos lacrimejantes, sorriu feliz para Geórgia, Ivan e Dona Divina. Jeremias latiu, parecendo também contente com a notícia.

O casamento de Geórgia e Ivan aconteceu meses depois em cerimônia na própria casa que Maila lhe deixara como herança. Ângelo estava com a namorada, feliz por ver o pai há meses longe do alcoolismo. Por ver que o amor transformara mais uma vez um ser humano com seu poder inigualável.

Estavam presentes também, seu Juvenal, filhos, o advogado e sua família, sua secretária, marido e filho, Dona Iolanda e seu Abner, Dona Jurema e filhos, parentes e amigos de Ivan que vieram de longe para a ocasião e os poucos amigos e parentes de Geórgia.

Foi Vitória quem levou as alianças até o pequeno altar improvisado, com a cadeira de rodas guiada até o local por Ângelo. Foi uma cena emocionante, todos ficaram comovidos. O final do casamento foi com uma salva de palmas e muito arroz voando por sobre os noivos.

Meses depois...

Geórgia dirigiu-se para a cadeira empalhada que ficava rente à piscina embaixo do quiosque. Lá se sentou e abriu o que levara consigo, seu próprio diário. Destampou a caneta e se pôs a escrever tudo o que viveu desde que a carta do advogado chegou a sua casa informando que a tia havia lhe deixado de herança sua casa na praia.

Que sua história servisse de inspiração para todos aqueles que passaram ou viriam a passar o que ela passou.

Quando deu uma pausa, Geórgia encaminhou-se até o jardim da casa, para uma descontração. Ao chegar ali, avistou por entre as flores, quem muito, há muito tempo queria rever: Maila, sua tia. Havia um sorriso de leve em seus lábios, um sorriso de satisfação, de contentamento por vê-la ali, por ter ficado com a casa, por ter reaberto suas portas para ajudar o próximo.

A visão tirou lágrimas dos seus olhos, era emoção demais tudo aquilo.

– Vim responder a sua pergunta, Geórgia – disse Maila numa voz ecoante.

Geórgia por um momento não soube ao que a tia se referia. Maila explicou:

– Você sempre quis saber do que morri, não é mesmo?

A memória de Geórgia foi reativada.

– Sim, tia, sempre quis saber... Mas como a senhora pôde saber que eu...

Maila adiantou-se:

– Sempre quis saber disso? Ora, minha querida, acompanhei os últimos acontecimentos que envolveram a sua vida.

Os olhos de Geórgia tremeram.

– Pois bem... – continuou Maila – morri de morte natural, ou seja, quando chegou a minha hora, quando a minha missão já havia sido realizada. Não toda, é lógico, outras virão... A vida é assim, uma missão atrás da outra, como uma vida atrás da outra, uma emoção atrás da outra... Simplesmente assim...

Geórgia assentiu com a cabeça. A tia completou:

– Ame a vida, Geórgia... Porque ela, a vida, gosta de quem a ama. Ame sempre porque dela ninguém pode escapar nem por meio da morte como pode ver... Aqui ou aí ou lá, seja onde for, a vida sempre continua...

Foi nesse momento que o *alguém* tão *especial* de Geórgia apareceu do lado de Maila e depois de sorrir, com o rosto também riscado de lágrimas, fez um pequeno aceno para ela e os dois seguiram sob uma forte luz para o mundo o qual agora pertenciam, ao menos por hora...

Nota do autor

Essa história me foi passada durante uma travessia muito difícil de minha vida, minha existência atual. Havia ido para a casa de um tio meu, na praia, para passar uns dias na esperança de me reerguer quando, certa tarde, descansando na rede, comecei a ouvir o que mais tarde viria a descobrir ser a história de Geórgia.

Saltei da rede e corri imediatamente em busca de algo para anotar o que me era contado. Tudo que encontrei por ali foi um caderninho pertencente à casa; tomei a liberdade de pegá-lo emprestado, depois poria outro em seu lugar.

Apesar de ser um caderno extremamente pequeno, me serviu bem para o tal propósito. Fui transcrevendo o que me era descrito, com uma vontade sobrenatural.

A cada página uma emoção, uma surpresa. O que mais me surpreendeu foi que se tratava de uma história real, sem vilões, traições e enredos mirabolantes, mas sim um drama da vida para deixar de ser drama.

Ao concluí-la compreendi que a história fora me enviada para me ajudar diante de todo aquele período doloroso pelo qual passava. Percebi então que merecia ser publicada para que chegasse às pessoas que se encontram na mesma situação que me encontrava na época e ajudá-las a sair desse estado triste, compreender um pouco mais sobre a vida, Deus e a morte.

A princípio a história foi batizada com o nome de "Salva Vidas de Deus" e mais tarde, por sugestão de amigos espirituais intitulada "E a vida continua...".

Não sabia que Chico Xavier havia publicado um livro com o mesmo título, foi uma surpresa para mim saber que já havia uma história com esse nome.

Decidiu-se então que o livro se chamaria "A vida sempre continua". Se bem que eu ainda acho muito bonito o título inicial: "Salva-vidas de Deus", porque jamais havia visto a vida como se fôssemos todos salva-vidas, o que de fato, percebo, hoje ser a mais pura verdade. Enfim...

Meu tio, dono da casa da praia em questão, era muito querido por mim e marcou profundamente a minha vida. Quero contar agora, amigo leitor, o que eu e ele combinamos depois de longa prosa numa madrugada de setembro de 1998 e que me possibilitou mais tarde viver uma das experiências mediúnicas mais surpreendentes de minha estada atual no planeta.

O combinado com meu tio

Meu tio Walter era, além de um excelente tio, um homem de uma personalidade incrível, marcante e curiosa. Dizia-se ateu e, volta e meia, nos pegávamos dialogando a respeito de tudo que envolve espiritualidade.

Ele não acreditava, em absoluto, que existia algo além da vida. Para ele, éramos apenas um ser pensante de corpo, sem alma e, portanto, ao chegarmos à morte, tudo estava acabado para sempre.

Nossas conversas se estendiam às vezes por quase cinco horas consecutivas. Quantas vezes varamos madrugadas. Quantas vezes ele me perguntava: como é que você pode saber tanto sobre astrologia se nunca a estudou profundamente?

Eu explicava que era do mesmo modo que eu sabia desenhar desde os três anos de idade, sem nunca ter aprendido.

Neste momento é que eu afirmava que este dom só poderia ter sido adquirido numa outra vida, anterior a esta. Para ele, isto também era um total absurdo.

Uma coisa era certa: apesar das nossas divergências, nos adorávamos, continuávamos sempre ligados um ao outro. Não sou eu quem digo, toda família percebia.

Enfim, um ano antes de sua morte, em meio a mais uma conversa a respeito de espiritualidade, meu tio me fez uma proposta muito séria.

"Vamos combinar o seguinte: se eu morrer primeiro que você e houver vida após a morte, tento lhe enviar um sinal, de algum modo... Se você morrer primeiro do que eu, você me envia. Combinado?"

"Combinado!", respondi.

E assim foi feito.

Nesta mesma noite após falarmos sobre o cosmos, meu tio acabou pela primeira vez concordando em algo comigo. Disse a ele que se tudo que usamos de matéria prima da Terra, alimentos que voltam para ela e renascem novamente, já é um indício de que tudo que morre, volta a viver.

Respondeu-me que neste caso, sim, a vida não teria fim.

Outro detalhe curioso era o fato de sempre achar a astrologia completamente furada. Pedia para eu falar do seu signo e quando o fazia, obviamente ele discordava de tudo que lhe dizia.

Bem, voltemos ao que nós dois combinamos. Meu tio faleceu. Foi cremado, como pedira, e suas cinzas foram colocadas num canto específico do jardim de sua casa na praia, entre os coqueiros.

Quase um ano depois, voltei à casa da praia para passar o carnaval. Numa noite bem quente, eu e minha amiga Lourdes ficamos dentro da piscina para nos refrescar.

Vale salientar que Lourdes desconhecia o fato de que as cinzas de meu tio haviam sido postas ali naquele jardim, a três metros de onde ela se encontrava na piscina.

Enquanto conversávamos algo me chamou atenção num dos coqueiros do jardim, volta e meia eu olhava para lá. Alguma coisa fazia com que o galho de um deles girasse.

De tanto prestar atenção naquilo, Lourdes passou também a olhar naquela direção, o que é muito comum acontecer quando duas pessoas estão conversando e uma volta e meia dirige o olhar para um certo local.

Aproximei-me dali para poder enxergar o que estava fazendo um dos galhos do coqueiro girar.

Lourdes, então, perguntou:

"O que é aquilo se mexendo?"

Eu lhe respondi:

"Um galho do coqueiro, um galho seco, por sinal..."

Olhei para as árvores e para os outros coqueiros, mas nenhum deles balançava, pois não havia vento algum com força suficiente para isso. Muito menos para fazer com que seus galhos girassem.

Chamei um amigo nosso que também se encontrava na casa para ver o estranho fenômeno. Ele também testemunhou aquilo juntamente com o caseiro que disse:

"Minha mãe sempre me ensinou a ter medo dos vivos e não dos mortos!" e saiu correndo.

No dia seguinte contei a respeito para o meu primo, filho do meu tio. Ele arregalou os olhos e disse: "Que louco, é justo onde o papai está enterrado."

Lourdes exclamou:

"O que? Seu pai está enterrado aqui?"

"Sim. Bem ali, entre os coqueiros!", explicou.

"Exatamente embaixo do galho que girava ontem à noite", completei.

Contei ao meu primo, então, o que havia combinado com seu pai. Ele me olhou com grande espanto e curiosidade.

Na noite daquele dia, à brisa todas os galhos das árvores e coqueiros do jardim da casa moveram-se por igual.

Seis meses depois eu e meu primo nos encontramos novamente na mesma casa da praia. Desta vez minhas tias estavam juntas, foi então que ele me contou algo curioso. Seu pai havia combinado o mesmo que combinara comigo com outro primo que tempos depois se matou.

Ao perguntar ao pai se aquele primo já havia enviado um sinal para comprovar que havia vida após a morte, ele respondeu que não, e que já era de se esperar, pois ele havia se suicidado. Não morrera de morte natural.

Observe que meu tio indiretamente acreditava no que pregavam as religiões a respeito do ser que tira a sua própria vida, provando que não era tão ateu quanto parecia.

Tio Walter disse ao filho que procuraria por uma outra pessoa para combinar tal coisa, só não chegou a contar a ele que havia sido eu.

Nesta mesma noite, meu primo contou muita coisa a respeito de meu tio, características de sua personalidade que batiam exatamente com as características de seu signo, que ele tanto dizia não ter nada a ver.

Foi então que compreendi que tio Walter estava cumprindo o combinado comigo, mandara um sinal para provar que a vida continua após a morte e, por intermédio do filho, revelava-me quem era, fazendo uso de sua pessoa.

Foi uma das passagens mais marcantes de minha vida e na de todos os envolvidos.

Não era só meu tio quem estava me enviando uma mensagem a fim de revelar algo sobre a vida, era a própria vida por meio do meu tio, em espírito, respondendo a uma das muitas perguntas que me fiz ao longo da minha passagem atual pela Terra.

E quem é a vida senão Deus?

Vale contar também que um mês antes de meu tio falecer, eu pressenti sua morte. Disse para Lourdes: "Alguém muito próximo de mim vai morrer!".

E, de fato, aconteceu.

Outro episódio marcante se deu com minha tia Saudade. Ela não mais recobrou a consciência depois de uma cirurgia para retirar um nódulo do cérebro. Ficou internada num hospital em estado vegetativo desde então. Eu, decepcionado com o que lhe acontecera, me recusei a ir vê-la. Estava decepcionado com a situação e com o fato de ela ter economizado tanto para, no final, não aproveitar nada. Haviam se passado três meses desde o acorrido quando eu "senti" que precisava ir vê-la. Durante o trajeto de ônibus fui inspirado a levar um girassol para alegrá-la ainda que, segundo os médicos, não tivesse mais noção do que acontecia ao seu redor.

Durante a visita conversei como se ela pudesse me entender perfeitamente. Contei fatos curiosos e divertidos que haviam acntecido em minha vida e pude ver as pupilas de seus olhos se moverem.

Quando sua filha chegou e viu o girassol, gostou do que viu e me disse que ninguém havia levado uma flor para sua mãe naqueles quase três meses e meio de internação.

Antes de eu partir, disse a minha tia:

"Que a senhora melhore. Aqui ou noutro plano!"

Beijei-a e parti. Ela desencarnou dez minutos após eu ter saído. Foi um alívio para todos diante das condições deploráveis em que se encontrava. Foi o que podemos chamar de uma libertação.

Só muito tempo depois é que fui saber, por meio da minha prima que depois de muita oração para que sua mãe desencarnasse, para parar de sofrer, uma médium lhe disse que aquilo não acontecia porque ela, sua mãe, estava esperando a visita de uma pessoa. A única que ainda não havia ido vê-la. E essa pessoa, percebemos então, havia sido eu.

Eu precisaria de páginas e mais páginas para falar de minha tia, para descrever sua personalidade marcante, memorável e minha profunda ligação com ela. Talvez eu reúna todas essas passagens de minha vida, que não são poucas, um dia...

No mais, conto tudo isso para dizer que há de fato mais mistérios entre o céu e a Terra do que julga a nossa vã filosofia.

Espero que sua vida, aqui ou lá, continue sempre no melhor que puder existir porque todos nós merecemos uma vida de paz e amor. Considero esse livro importante porque desperta em nós uma outra realidade de vida para ser aproveitada no aqui e agora que determina, hoje e sempre, o nosso amanhã.

Que a sua vida continue sempre repleta de paz e amor...

Com carinho
Américo Simões

Esclarecendo

É certo um médium cobrar por livros psicografados? Tem-se a falsa impressão de que um autor de qualquer gênero de livro ganha rios de dinheiro com a venda de suas obras. Engano. Ganha apenas um valor simbólico e uma vez que esse dinheiro é usado por ele para pagar suas despesas, está gerando empregos a terceiros o que continua sendo ajuda ao próximo.

Uma gráfica não imprime livros de graça. Ela também não espera você vender os livros que imprimiu para pagar a impressão, o pagamento tem de ser à vista, vendendo ou não a obra, tem de pagar. E ela está certa em agir assim, pois os fornecedores de tinta e papel, os funcionários da gráfica, energia elétrica, imposto e tudo mais tem de ser pago. Todos dependem do dinheiro de uma simples impressão gráfica de um livro. É um ciclo de prosperidade. Tem de ser respeitado.

O banco, também, não empresta o dinheiro para uma editora ou autor independente pagar à gráfica sem cobrar os juros tradicionais de um empréstimo. Emprestou, tem de pagar e com juros, vendeu ou não vendeu o que foi impresso. O banco também não espera você vender a quantidade de livros suficientes para pagar o empréstimo; uma vez estipulada uma data para o pagamento, tem de ser cumprida.

As livrarias ganham de 40 a 50% do preço de capa de um livro e é certo que recebam, pois têm de pagar os aluguéis de suas sedes, funcionários e donos. Impostos, limpeza, energia elétrica, etc... As distribuidoras de livros ganham de 10 a 20 % de preço de capa e também têm de ganhar para pagar os funcionários que cuidam da distribuição dos livros. Dos 40% restantes de um livro, 20% já ficou com a gráfica, os 20% restantes é o dinheiro para pagar funcionários, autor, divulgação, impostos, contador, novas impressões, revisor, telefone, provedor de internet, faxina, aluguel da sede e etc. de uma Editora.

Não se pode exigir que algo seja feito de graça num mundo onde nada é feito de graça. Ou você segue a regra da economia adotada no planeta ou nada pode ser comercializado.

Sem respeitar essas regras, lindas histórias, espíritas ou não, de qualquer gênero não poderiam chegar aos leitores, despertando as maravilhas que só a literatura desperta em nós.

Não podemos deixar também de observar a quantidade de pessoas que vivem da renda de um simples livro. Os inúmeros funcionários de uma gráfica, da indústria de tinta e papel, das distribuidoras, livrarias, das transportadoras que levam os livros para os quatro cantos do país, que ganham ao fazer a divulgação desse livro e as instituições de caridade, orfanatos e asilos que vivem da renda dos livros que vendem em prol dessas instituições.

É muita gente, famílias, na verdade, vivendo da venda de um simples e grandioso livro. Quando uma pessoa baixa um livro ou qualquer produto que está sendo comercializado pela internet, ela não só está tirando a renda das muitas pessoas que vivem da venda desse livro, mas está roubando, furtando esse produto, pois todo produto comercializado que você pega sem pagar, é roubo. Empresas quebram por causa disso e funcionários e mais funcionários são demitidos, desempregos e mais desempregos são gerados por isso.

Recentemente vimos pela TV a fortuna que o dono de um site ganhou, permitindo que filmes e seriados pagos fossem baixados de graça. Esse homem e sua equipe acabou entre as grades e tendo toda a sua fortuna confiscada para pagar as multas que a lei exige que sejam pagas, quando se subtrai o que é do outro.

Se uma empresa de fotocópias no Brasil hoje for pega, xerocando um livro, a multa é altíssima, o alvará pode ser cassado e aquele que pediu para xerocar, pode ser autuado por infração aos direitos autorais.

O certo é lembrar que ninguém gostaria que pegassem, de graça, algo que você vende para sobreviver e que procurar pelo melhor preço de um produto e eles existem, principalmente, com relação aos livros é a atitude correta.

Achei legal esclarecer isto para que todos possam compreender a realidade editorial no Brasil e no mundo, ainda mais a de editoras pequenas e independentes, porém não menos grandiosas que as de grande porte.

Tudo na Barbara é feito com muita dedicação e amor e, principalmente, com a ajuda espiritual de desencarnados e encarnados. Todos que colaboram para a sua existência são, na maioria, voluntários e quando não, cobram preços simbólicos. Sem essa ajuda, não teríamos como engrandecer o mundo da literatura Espírita como é a nossa missão de vida.

Barbara Editora

LANÇAMENTO 2012

O AMIGO QUE VEIO DAS ESTRELAS

É um livro para ler com muita atenção.

Jennifer mora com a mãe numa chácara próxima a uma cidadezinha do litoral paulistano. No dia em que estava reunida com os amigos para assistir a um dos maiores acontecimentos do ano, um eclipse lunar, ela conhece um menino lindo, de olhos azuis, cabelos loiros, quase dourados, que surge misteriosamente na chácara e pouco fala de si mesmo. Quem é ele, de onde veio, para onde vai?

É isso que Jennifer e seus amigos querem muito saber.

A resposta é surpreendente e mais ainda é a aventura que eles vivem lado a lado.

Uma aventura que marca para sempre a vida de todos e marcará a sua também. Porque fala metaforicamente sobre a origem da vida humana, o porquê da nossa existência e o poder de cada um neste Universo, no decorrer do processo chamado VIDA.

Uma história para refletir, envolvente e emocionante que prende a atenção do leitor do começo ao fim e é apreciada por todas as idades, especialmente pela criança interior que existe em cada adulto.

A seguir, resumos das obras do Autor que falam sobre vida e reencarnação, traçando um paralelo entre uma vida e outra dos personagens, para que tanto eles, quanto nós, leitores, possamos compreender o porquê de nascermos nas condições em que nascemos.

E O AMOR RESISTIU AO TEMPO...

Diante do olhar arguto de Caroline, examinando-o de cima a baixo, o rapaz pareceu se encolher. Meio sem jeito, quase encabulado, perguntou:

– É verdade que sou seu filho?

Os olhos dela apresentaram leve sinal de choque. Mas foi só. No geral se manteve a mesma.

– Ah! – exclamou com desdém. – É isso?

Ele assentiu com a cabeça, torcendo o chapéu em suas mãos.

– Quem lhe disse isso?

– Agatha. Primeiramente foi ela. Depois minha mãe - sua irmã - acabou confirmando. Ela não queria, mas eu insisti. Precisava saber da verdade.

– Pra que?

– Ora, porque mereço saber quem foram meus pais. Sempre quis saber, desde que morava no orfanato.

– Sei...

Caroline fez bico e se concentrou novamente nos cabelos.

– A senhora precisa me dizer, por favor, se é mesmo verdade que sou filho da senhora... Que pensei durante todos esses anos ser minha tia.

A mulher de trinta e cinco anos ficou quieta por um instante como se estivesse meditando. Por fim, disse autoritária:

– Sim, é verdade...

O rosto do rapaz se iluminou.

Caroline, voltando a escovar os cabelos, completou:

– É verdade e, ao mesmo tempo, não.

O rapaz fitou-a com um ar de quem está mesmo querendo entender. Ela prosseguiu:

– Você nasceu mesmo de mim, mas... foi um equívoco. Um grave equívoco.

Se estas palavras o surpreenderam, as seguintes o magoaram profundamente:

– Foi uma brincadeira do destino. Um desatino do destino.

Ela riu.

– Onde já se viu me fazer dar à luz a uma criança... Aleijada?

O romance "E o amor resistiu ao tempo" fala sobre os sofrimentos que cada um passa por causa das convenções sociais, dos preconceitos, egoísmos em geral e, principalmente, de quando o passado volta à sua vida para assombrar o presente.

274

Com uma narrativa surpreendente, o romance responde às perguntas existencialistas e profundas que a maioria de nós faz ao longo da vida: por que cada um nasce com uma sorte diferente? Por que nos apaixonamos por pessoas que nos parecem conhecidas de longa data sem nunca termos estado juntos antes? Se há outras vidas, pode o amor persistir e triunfar, enfim, de forma mais lúcida e pacífica, após a morte?

Uma comovente história que se desenvolve ao longo de três reencarnações. Para reflexão no final, inspirar o leitor a uma transformação positiva em sua existência.

SEM AMOR EU NADA SERIA...
(ESTE LIVRO ABORDA A VIDA DE PERSONAGENS ENVOLVIDOS NO ROMANCE "E O AMOR RESISTIU AO TEMPO")

Em meio a Segunda Guerra Mundial, Viveck Shmelzer, um jovem alemão do exército nazista, apaixona-se perdidamente por Sarah Baeck, uma jovem judia, residente na Polônia.

Diante da determinação nazista de exterminar todos os judeus em campos de concentração, Viveck se vê desesperado para salvar a moça do desalmado destino reservado para sua raça.

Somente unindo-se a Deus é que ele encontra um modo de protegê-la, impedir que morra numa câmara de gás.

Enquanto isso, num convento, na Polônia, uma freira se vê desesperada para encobrir uma gravidez inesperada, fruto de uma paixão avassaladora.

Destinos se cruzarão em meio a guerra sanguinária que teve o poder de destruir tudo e todos exceto o amor. E é sobre esse amor indestrutível que fala a nossa história, transformada neste romance, um amor que uniu corações, almas, mudou vidas, salvou vidas, foi no final de tudo o maior vitorioso e sobrevivente ao Holocausto.

Uma história forte, real e marcante. Cheia de emoções e surpresas a cada página... Simplesmente imperdível.

NINGUÉM DESVIA O DESTINO
(UM DOS MAIS ELOGIADOS PELOS LEITORES)

Heloise ama Álvaro. Os dois se casam, prometendo serem felizes até que a morte os separe.

Surge então algo inesperado.

Visões e pesadelos assustadores começam a perturbar Heloise. Seriam um presságio?

Ou lembranças fragmentadas de uma outra vida? De fatos que marcaram profundamente sua alma?

Ninguém desvia o destino é uma história de tirar o fôlego do leitor do começo ao fim. Uma história emocionante e surpreendente. Onde o destino traçado pelos personagens em outras vidas resulta nas consequências de sua reencarnação atual.

Uma das abordagens mais significantes a respeito da Inquisição Católica, turbulento momento da história da humanidade, onde pessoas suspeitas de bruxaria eram queimadas vivas em fogueiras.

A LÁGRIMA NÃO É SÓ DE QUEM CHORA

Christopher Angel, pouco antes de partir para a guerra, conhece Anne Campbell, uma jovem linda e misteriosa, muda, depois de uma tragédia que abalou profundamente sua vida. Os dois se apaixonam perdidamente e decidem se casar o quanto antes, entretanto, seus planos são alterados da noite para o dia com a explosão da guerra. Christopher parte, então, para os campos de batalha prometendo a Anne voltar para casa o quanto antes, casar-se com ela e ter os filhos com quem tanto sonham.

Durante a guerra, Christopher conhece Benedict Simons de quem se torna grande amigo. Ele é um rapaz recém-casado que anseia voltar para a esposa que deixara grávida. No entanto, durante um bombardeio, Benedict é atingido e antes de morrer faz um pedido muito sério a Christopher. Implora ao amigo que vá até a sua casa e ampare a esposa e o filho que já deve ter nascido. Que lhe diga que ele, Benedict, os amava e que ele, Christopher, não lhes deixará faltar nada. É assim que Christopher Angel conhece Elizabeth Simons e, juntos, descobrem que quando o amor se declara nem a morte separa as pessoas que se amam.

No final, o leitor vai descobrir onde e quando os personagens encarnaram e o porquê de terem encarnado ali e se ligado uns aos outros novamente.

QUANDO É INVERNO EM NOSSO CORAÇÃO

Clara ama Raymond, um humilde jardineiro. Então, aos dezessete anos, seu pai lhe informa que chegou a hora de apresentar-lhe Raphael Monie, o jovem para quem a havia prometido em casamento. Clara e Amanda, sua irmã querida, ficam arrasadas com a notícia. Amanda deseja sem pudor algum que Raphael morra num acidente durante sua ida à mansão da família. Ela está no jardim, procurando distrair a cabeça, quando a carruagem trazendo Raphael entra na propriedade.

De tão absorta em suas reflexões e desejos maléficos, Amanda se esquece de observar por onde seus passos a levam. Enrosca o pé direito numa raiz trançada, desequilibra-se e cai ao chão com grande impacto.

– A senhorita está bem? – perguntou Raphael ao chegar ali.

Amanda se pôs de pé, limpando mecanicamente o vestido rodado e depois o desamassando. Foi só então que ela encarou Raphael Monie pela primeira vez. Por Deus, que homem era aquele? Lindo, simplesmente lindo. Claro que ela sabia: era Raphael, o jovem prometido para se casar com Clara, a irmã amada. Mas Clara há muito se encantara por Raymond, do mesmo modo que agora, Amanda, se encantava por Raphael Monie.

Deveria ter sido ela, Amanda, a prometida em casamento para Raphael e não Clara. Se assim tivesse sido, ela poderia se tornar uma das mulheres mais felizes do mundo, sentia Amanda. Se ao menos houvesse um revés do destino...

Quando é inverno em nosso coração é uma história tocante, para nos ajudar a compreender melhor a vida, compreender por que passamos certos problemas no decorrer da vida e como superá-los.

VIDAS QUE NOS COMPLETAM

Vidas que nos completam conta a história de Izabel, moça humilde, nascida numa fazenda do interior de Minas Gerais, propriedade de uma família muito rica, residente no Rio de Janeiro.

Com a morte de seus pais, Izabel é convidada por Olga Scarpini, proprietária da fazenda, a viver com a família na capital carioca. Izabel se empolga com o convite, pois vai poder ficar mais próxima de Guilhermina Scarpini, moça rica, pertencente à nata da sociedade carioca, filha dos donos da fazenda, por quem nutre grande afeto.

No entanto, os planos são alterados assim que Olga Scarpini percebe que o filho está interessado em Izabel. Para afastá-la do rapaz, ela arruma uma desculpa e a manda para São Paulo.

Izabel, então, conhece Rodrigo Lessa, por quem se apaixona perdidamente, sem desconfiar que o rapaz é um velho conhecido de outra vida.

Uma história contemporânea e comovente para lembrar a todos o porquê de a vida nos unir àqueles que se tornam nossos amores, familiares e amigos... Porque toda união é necessária para que vidas se completem, conquistem o que é direito de todos: a felicidade.

SE NÃO AMÁSSEMOS TANTO ASSIM

No Egito antigo, 3400 anos antes de Cristo, Hazem, filho do faraó, herdeiro do trono se apaixona perdidamente por Nebseni, uma linda moça, exímia atriz. Com a morte do pai, Hazem assume o trono e se casa com Nebseni. O tempo passa e o filho tão necessário para o faraó não chega. Nebseni se vê forçada a pedir ao marido que arranje uma segunda esposa para poder gerar um herdeiro, algo tido como natural na época. Sem escolha, Hazem aceita a sugestão e se casa com Nofretiti, jovem apaixonada por ele desde menina e irmã de seu melhor amigo.

Nofretiti, feliz, casa-se, prometendo dar um filho ao homem que sempre amou e jurando a si mesma destruir Nebseni, apagá-la para todo o sempre do coração do marido para que somente ela, Nofretiti, brilhe.

Mas pode alguém apagar do coração de um ser apaixonado a razão do seu afeto? **Se não amássemos tanto assim** é um romance comovente com um final surpreendente, que vai instigar o leitor a ler o livro outras tantas vezes.

Revela também o destino que os personagens tiveram noutra reencarnação.

PAIXÃO NÃO SE APAGA COM A DOR
(UM LIVRO IMPORTANTE, QUE REVELA AS GRAVES CONSEQUÊNCIAS DO SUICÍDIO)

No contagiante verão da Europa, Ludvine Leconte leva a amiga Bárbara Calandre para passar as férias na casa de sua família, no interior da Inglaterra, onde vive seu pai, viúvo, um homem apaixonado pelos filhos, atormentado pela saudade da esposa, morta ainda na flor da idade.

O objetivo de Ludvine é aproximar Bárbara de Theodore, seu irmão, que desde que viu a moça, apaixonara-se por ela.

O inesperado então acontece: seu pai vê na amiga da filha a esposa que perdeu no passado. Um jogo de sedução começa, um duelo entre pai e filho tem início.

De repente, um acidente muda a vida de todos, um detetive é chamado porque se suspeita que ele foi premeditado. Haverá um assassino à solta? É preciso descobrir antes que o mal se propague novamente.

Este romance leva o leitor a uma viagem fascinante pelo mundo do desejo e do medo, surpreendendo-o a cada página. Um dos romances, na opinião dos leitores, mais admiráveis.

A OUTRA FACE DO AMOR
(PARA COMPREENDER ATÉ ONDE UMA CONSCIÊNCIA PESADA PODE ATRAPALHAR SEUS PLANOS DE VIDA)

Eles passavam a lua de mel na Europa quando ela avistou, ao longe, pela primeira vez, uma mulher de rosto pálido, vestida de preto da cabeça aos pés, olhando atentamente na sua direção. Então, subitamente, esta mulher arrancou uma rosa vermelha, jogou-a no chão e pisou até destruí-la.

Por que fizera aquilo? Quem era aquela misteriosa e assustadora figura? E por que estava seguindo o casal por todos os países para os quais iam?

Prepare-se para viver emoções fortes a cada página deste romance que nos revela a outra face do amor, aquela que poucos pensam existir e os que sabem, preferem ignorá-la.

A SOLIDÃO DO ESPINHO
(MOSTRA O QUANTO É BOM AMAR E SE LIBERTAR DAS ILUSÕES PROVOCADAS PELA PAIXÃO)

Virginia Accetti sonha, desde menina, com a vinda de um moço encantador, que se apaixone por ela e lhe possibilite uma vida repleta de amor e alegrias.

Evângelo Felician é um jovem pintor talentoso, que desde o início da adolescência apaixonou-se por Virginia, mas ela o ignora por não ter o perfil do moço com quem sonha se casar.

Os dois vivem num pequeno vilarejo próximo a famosa prisão "Écharde" para onde são mandados os piores criminosos do país. Um lugar assustador e deprimente onde Virginia conhece uma pessoa que mudará para sempre o seu destino.

"A Solidão do Espinho" nos fala sobre a estrada da vida a qual, para muitos, é cheia de espinhos e quem não tem cuidado se fere. Só mesmo um grande amor para cicatrizar esses ferimentos, superar desilusões, reconstruir a vida... Um amor que nasce de onde menos se espera. Uma história de amor como poucas que você já ouviu falar ou leu. Cheia de emoção e suspense. Com um final arrepiante.

FALSO BRILHANTE, DIAMANTE VERDADEIRO
(ATÉ ONDE VALE A PENA IR POR UM DESEJO DE VINGANÇA)

Marina está radiante, pois acaba de conquistar o título de Miss Brasil. Os olhos do mundo estão voltados para sua beleza e seu carisma.

Ela é uma das favoritas do Concurso de Miss Universo. Se ganhar, muitas portas lhe serão abertas em termos de prosperidade, mas o que ela mais deseja, acima de tudo, é ser feliz ao lado de Luciano, seu namorado, por quem está perdidamente apaixonada.

Enquanto isso, Beatriz, sua irmã, se pergunta: como pode alguém como Marina ter tanta sorte na vida e ela não? Ter um amor e ela ninguém, sequer alguém que a paquere?

Pessoas na cidade, de todas as idades, questionam: Como pode Beatriz ser irmã de Marina, tão linda e Beatriz, tão feia, como se uma fosse um brilhante e a outra um diamante bruto?

Entre choques e decepções, reviravoltas e desilusões segue a história dessas duas irmãs cujas vidas mostram que nem tudo que reluz é ouro, nem tudo que brilha é brilhante e que aquilo que ainda é bruto também pode irradiar luz.

SÓ O CORAÇÃO PODE ENTENDER
(PARA RIR E SE EMOCIONAR)

Tudo preparado para uma grande festa de casamento quando uma tragédia muda o plano dos personagens, o rumo de suas vidas e os enche de revolta. É preciso recomeçar. Retirar as pedras do caminho para prosseguir... Mas recomeçar por onde e com que forças? Então, quando menos se espera, as pedras do caminho tornam-se forças espirituais para ajudar quem precisa reerguer-se e reencontrar-se num mundo onde **só o coração pode entender**. É preciso escutá-lo, é preciso aprender a escutá-lo, é preciso tirar dele as impurezas deixadas pela revolta, para que seja audível, límpido e feliz como nunca foi...

Uma história verdadeira, profunda, real que fala direto ao coração e nos revela que o coração sabe bem mais do que pensamos, que pode compreender muito mais do que julgamos, principalmente quando o assunto for amor e paixão.

POR ENTRE AS FLORES DO PERDÃO
(FALA DE SUPERAÇÃO E SOBRE A IMPORTÂNCIA DO PERDÃO)

No dia da formatura de segundo grau de sua filha Samantha, o Dr. Richard Johnson recebe uma ligação do hospital onde trabalha, solicitando sua presença para fazer uma operação de urgência numa paciente idosa que está entre a vida e a morte.

Como um bom médico, Richard deixa para depois a surpresa que preparara para a filha e para a esposa para aquele dia especial. Vai atender ao chamado de emergência. Um chamado que vai mudar a vida de todos, dar um rumo completamente diferente do almejado. Ensinar lições árduas...

"Por entre as flores do perdão" fará o leitor sentir na pele o drama de cada personagem e se perguntar o que faria se estivesse no lugar de cada um deles. A cada página viverá fortes emoções e descobrirá, ao final, que só as flores do perdão podem nos libertar dos lapsos do destino. Fazer renascer o amor afastado por uma tragédia.

Uma história de amor vivida nos dias de hoje, surpreendentemente reveladora e espiritual.

QUANDO O CORAÇÃO ESCOLHE
(Publicado anteriormente com o título: "A Alma Ajuda")
(ABORDA OS DANOS QUE O RACISMO E O PRECONCEITO PROVOCAM NA SOCIEDADE E NA FAMÍLIA)

Sofia mal pôde acreditar quando apresentou Saulo, seu namorado, à sua família e eles lhe deram as costas.

– Você deveria ter-lhes dito que eu era negro – observou Saulo.

– Imagine se meu pai é racista! Vive cumprimentando todos os negros da região, até os abraça, beija seus filhos...

– Por campanha política, minha irmã – observou o irmão.

Em nome do amor que Sofia sentia por Saulo, ela foi capaz de jogar para o alto todo o conforto e *status* que tinha em família para se casar com ele.

Ettore, seu irmão, decidiu se tornar padre para esconder seus verdadeiros sentimentos.

Mas a vida dá voltas e nestas voltas a família Guiarone aprendeu que amor não tem cor, nem raça, nem idade, e que toda forma de amor deve ser vivida plenamente. E essa foi a maior lição naquela reencarnação para a evolução espiritual de todos.

NENHUM AMOR É EM VÃO
(PARA COMPREENDERMOS QUE DE TUDO QUE NOS ACONTECE TIRA-SE PROVEITO)

Uma jovem inocente e pobre, nascida numa humilde fazenda do interior do Paraná, conhece por acaso o filho do novo dono de uma das fazendas mais prósperas da região. Um rapaz elegante, bonito, da alta sociedade, cercado de mulheres bonitas, estudadas e ricas.

Um encontro que vai mudar suas vidas, fazê-los aprender que **nenhum amor é em vão**. Todo amor que acontece, acontece porque é a única forma de nos conhecermos melhor, nos perguntarmos o que realmente queremos da vida? Que rumo queremos dar a ela? Pelo que vale realmente brigar na nossa existência?

Coleção Mulheres Fênix

CADA LIVRO ABORDA UM TEMA DIFERENTE, DÁ UMA INJEÇÃO DE ÂNIMO NO LEITOR, ESPECIALMENTE NAQUELE QUE ESTÁ PASSANDO OU PASSOU OS MESMOS PROBLEMAS QUE O PERSONAGEM ENFRENTA.

O AMOR TUDO SUPORTA?
(A HISTÓRIA DE RAQUEL - VOLUME 1)
FALA SOBRE VIOLÊNCIA DOMÉSTICA.

Em "O amor tudo suporta?", o primeiro livro da Coleção Mulheres Fênix, Raquel, esposa e mãe dedicada, é capaz de tudo para fazer com que seu casamento sobreviva a uma crise provocada pelo alcoolismo do marido.

Mesmo sob fortes agressões verbais e físicas por parte dele, ela se mantém firme no seu objetivo de salvar seu casamento em quaisquer circunstâncias.

Quando o descontrole do marido chega ao ápice, pondo em risco sua vida, surge uma força, vinda do Além, para impedir que tanto ela como seus filhos amados sejam agredidos mais ainda.

Com uma narrativa muito realista, a história de Raquel vai surpreender o leitor, especialmente a mulher que enfrenta ou já enfrentou a mesma situação que a personagem.

Uma história baseada em fatos reais e bastante atual que inspira e desperta o amor próprio para que todos voltem a brilhar com o esplendor de uma Mulher Fênix.

Uma das histórias mais apreciadas e elogiadas pelas leitoras do livro de grande sucesso intitulado "Mulheres Fênix – Recomeçando a vida", agora dividido em 4 fascículos.

AS PAZES COMIGO, FAREI
(A história de Júlia - Volume 2)
FALA SOBRE SEPARAÇÃO APÓS ANOS DE CASADA, DECEPÇÃO, DEPRESSÃO E RECOMEÇO DE VIDA.

Em "As pazes comigo, farei", o segundo livro da Coleção Mulheres Fênix, Júlia vive o maior inesperado de sua vida.

Em vez de ouvir o típico "eu te amo" de todo dia, Júlia ouviu: "eu quero me separar, nosso casamento acabou". A separação leva-a ao fundo do poço. Nem os filhos tão amados conseguem fazê-la reagir. "Por que o *meu* casamento tinha de desmoronar? E agora, o que fazer da vida? Como voltar a ser feliz?"

Júlia quer obter as respostas para as mesmas perguntas que toda mulher casada faz ao se separar. E ela as obtém de forma sobrenatural. Assim, pode renascer das cinzas e voltar a brilhar com todo o esplendor de uma mulher Fênix.

Um romance baseado em fatos reais, inspirador para todo aquele que enfrenta ou já enfrentou a mesma situação que a personagem.

SOLIDÃO, NUNCA MAIS
(A história de Carla - Volume 3)
REVELA A DIFICULDADE DE UMA MULHER ENCONTRAR UM NAMORADO.

Em "Solidão, nunca mais!", o terceiro livro da Coleção Mulheres Fênix, Carla é uma mulher desiludida com a vida por não ter se casado como suas amigas, primas e conhecidas.

A desilusão faz com que afogue suas mágoas, comendo excessivamente e, com isso, prejudique seu físico, volte-se contra si mesma por não conseguir emagrecer e se apreciar diante do espelho.

Quando a depressão chega ao ápice, pondo em risco sua vida, uma força vinda do Além surge para impedir que ela cometa uma loucura, desperte para outras realidades da vida e aprenda a amar a si mesma antes de querer ser amada pelo outro.

Uma história baseada em fatos reais, muito atual, contada com muito bom humor que vai surpreender o leitor, especialmente a mulher que enfrenta ou já enfrentou a mesma situação que a personagem.

ENTRE O MEDO E O DESEJO
(A história de Cláudia & Deusdete)
FALA SOBRE CIÚME, INVEJA E BAIXA-ESTÍMA.

Em "Entre o medo e o desejo", o quarto livro da Coleção Mulheres Fênix, Débora, esposa e mãe dedicada, desconfia que o marido a está traindo e, para se vingar, decide se envolver com seu professor da academia de ginástica.

O marido, desconfiado de que a esposa não lhe está sendo fiel, envolve-se com Cláudia, bonita e atraente, que não acredita ser capaz de conquistar um homem solteiro, por isso só se envolvia com casados até então e os abandonava, ao perceber que para eles nunca ela deixaria de ser a "outra".

Dessa vez, porém, Cláudia está decidida a fazer de tudo para que seu amante fique com ela, mesmo que para isso seja preciso destruir um lar.

Descrita com muita realidade, essa história vai surpreender os leitores, elevar a autoestima, desenvolver a autoconfiança no parceiro, resgatar valores esquecidos entre o casal, unido há anos.

NEM QUE O MUNDO CAIA SOBRE MIM
(REVELA A FORÇA QUE HÁ EM NÓS PARA SUPERAR OBSTÁCULOS)

Mamãe foi uma mulher, mais uma dentre tantas, que nunca se ressentia do temperamento explosivo do marido, nunca se agarrava a sua própria opinião, nunca tentava impor uma conduta própria. Sacrificava, o tempo todo, suas vontades para satisfazer as dele. Em resumo: anulava-se totalmente diante dele. Por ele.

No entanto, quanto mais ela se sacrificava, menos ele lhe dava valor, mais e mais a ignorava e era ríspido com ela. Seu comportamento a deixava tiririca, pois não conseguia entender como alguém que tanto fazia o bem, podia ser tratado com tanto descaso.

Ela, Dona Rosa, quisera ser a mulher ideal para o marido, para ajudá-lo a enfrentar os períodos negros da vida, mas ele não reconhecia sua dedicação e grandeza.

Ficava sentada em silêncio, apertando os dentes, tentando não falar nada, porque sabia por amarga experiência que ao fazê-lo, o marido piorava seu mau humor imediatamente. O jeito era aguentar calada, aguentar e aguentar...

Todavia, mesmo assim, ele explodia. Muitas vezes, sem o menor motivo. E ela sempre se assustava, pois nunca sabia quando esses rompantes iam acontecer da mesma forma que os achava um exagero, um auê desnecessário.

Para comigo e meus dois irmãos papai não era muito diferente, não. Andava sempre impaciente demais para nos ouvir e apreciar nossa meninice e, por isso, mamãe acabava exercendo o papel de mãe e pai ao mesmo tempo.

O casamento dos dois chegou ao fim no dia em que mamãe pôs para fora, finalmente, aquilo que há muito estava entalado na sua garganta:

– Você jurou na frente do padre que viveria ao meu lado na alegria e na tristeza, na saúde e na doença... Você jurou diante de Deus!

Papai, com a maior naturalidade do mundo, respondeu, sem pesar algum:

– Se jurei, jurei em falso.

Sua resposta foi chocante demais para Dona Rosa. Jamais pensou que o homem por quem se apaixonara e jurara viver na alegria e na tristeza, na saúde e na doença, amando-o e respeitando-o, diante de Deus, pudesse lhe dizer aquilo. Algo que a feriu profundamente.

Mamãe, trêmula, tentou demonstrar em palavras a sua indignação, mas papai levantou-se do sofá e disse, com voz calma:

– Vou até o bar da esquina comprar um maço de cigarros e volto já.

Assim que ele passou pela porta, fechando-a atrás de si, mamãe levantou-se e dirigiu-se até lá. Abriu-a novamente e espiou pela fresta o marido, seguindo para a rua. Acompanhou-o com o olhar até perdê-lo de vista. Foi a última vez que o viu. As horas passaram, ela adormeceu, só se deu conta de que ele não havia voltado para casa no dia seguinte. Saiu às ruas a sua procura, mas ninguém o havia visto. Ele parecia ter se evaporado na noite. Restou-lhe apenas chamar a polícia para dar parte do seu desaparecimento...

"Nem que o mundo caia sobre mim" vai surpreender o leitor com uma história bem atual, que fala de dramas humanos, cheia de reviravoltas. Impossível adivinhar seu rumo e o final surpreendente e inspirador.

SUAS VERDADES O TEMPO NÃO APAGA

No Brasil, na época do Segundo Reinado, em meio às amarguras da escravidão, Thiago conhece a bela Melinda Florentis, moça rica de família nobre e europeia. Disposto a conquistá-la, trama uma cilada para afastar o noivo da moça e assim, se casa com ela.

Essa união traz grandes surpresas para ambos, mostrando que atraímos na vida o que almejamos, porém, tudo na medida certa para contribuir com nossa evolução espiritual.

Esta é uma história emocionante para guardar para sempre no seu coração. Um romance que revela que **suas verdades o tempo não apaga** jamais, pois, geralmente, elas sempre vêm à tona e, ainda que sejam rejeitadas, são a chave da libertação pessoal e espiritual.

AMOR INCONDICIONAL

Um livro repleto de lindas fotos coloridas com um texto primoroso, descrevendo a importância do cão na vida do ser humano, em prol do seu equilíbrio físico e mental. Um livro para todas as idades! Imperdível!

GATOS MUITO GATOS

Um livro repleto de lindas fotos coloridas com um texto primoroso sobre a importância de viver a vida sem medo de ser feliz. Um livro para todas as idades.

visite o nosso site: www.barbaraeditora.com.br

Para adquirir um dos livros ou obter informações sobre os próximos lançamentos da Editora Barbara, visite nosso site:

www.barbaraeditora.com.br
E-mail: barbara_ed@2me.com.br

ou escreva para:
BARBARA EDITORA
Rua Primeiro de Janeiro, 396 – 81
Vila Clementino – São Paulo – SP
CEP 04044-060
(11) 5594 5385

Contato c/ autor: americosimoes@2me.com.br
Facebook: Américo Simões
Orkut: Américo Simões
Blog: http://americosimoes.blogspot.com.br